MARCO POLO

SCHWARZWALD

Reisen mit Insider Tipps

Hier kennt jeder jeden, hier herrscht noch weitgehend „heile Welt". Die Landschaft ist einmalig und die Menschen sind von gelassener Heiterkeit und philosophischer Lebensweisheit.

MARCO POLO Autor
Roland Weis

(siehe S. 135)

Spezielle News, Lesermeinungen und Angebote zum Schwarzwald:
www.marcopolo.de/schwarzwald

SCHWARZWALD

> SYMBOLE

Insider Tipp **MARCO POLO INSIDER-TIPPS**
Von unserem Autor für Sie entdeckt

★ **MARCO POLO HIGHLIGHTS**
Alles, was Sie im Schwarzwald kennen sollten

SCHÖNE AUSSICHT

WLAN-HOTSPOT

▶▶ **HIER TRIFFT SICH DIE SZENE**

> PREISKATEGORIEN

HOTELS

€€€ über 100 Euro
€€ 60–100 Euro
€ bis 60 Euro

Die Preise gelten für zwei Personen im Doppelzimmer pro Nacht – meist mit Frühstück

RESTAURANTS

€€€ über 20 Euro
€€ 10–20 Euro
€ bis 10 Euro

Die Preise gelten für ein für das jeweilige Lokal typisches Hauptgericht

> KARTEN

[120 A1] Seitenzahlen und Koordinaten für den Reiseatlas Schwarzwald
[0] außerhalb des Kartenausschnitts

Karten zu Baden-Baden, Freiburg und Freudenstadt finden Sie im hinteren Umschlag
Zu Ihrer Orientierung sind auch die Orte mit Koordinaten versehen, die nicht im Reiseatlas eingetragen sind

INHALT

> SZENE

S. 12–15: Trends, Entdeckungen, Hotspots! Was wann wo im Schwarzwald los ist, verrät der MARCO POLO Szeneautor vor Ort

> 24 STUNDEN

S. 104/105: Action pur und einmalige Erlebnisse in 24 Stunden! MARCO POLO hat für Sie einen außergewöhnlichen Tag im Schwarzwald zusammengestellt

> LOW BUDGET

Viel erleben für wenig Geld! Wo Sie zu kleinen Preisen etwas Besonderes genießen und tolle Schnäppchen machen können:

Umsonst ins Auto-Kino S. 39 | Freie Fahrt für Geburtstagskinder S. 58 | Kostenloses Orgelkonzert zur Markzeit S. 78 | Den Hirschen auf der Spur S. 91

> GUT ZU WISSEN

Flüssige Tannenzäpfle S. 19 | Schwarzwälder Spezialitäten S. 26 | Blogs & Podcasts S. 48 | Bücher & Filme S. 75 | Volldampf voraus S. 82 | »Horn Heil« S. 92

AUF DEM TITEL

Coole Shoppingadressen zwischen Freudenstadt und Freiburg S. 12–15
Wandern in der Wutachschlucht S. 99

ENTDECKEN SIE DEN SCHWARZWALD!

Unsere Top 15 führen Sie an die traumhaftesten Orte und zu den spannendsten Sehenswürdigkeiten

Die Highlights sind in der Karte auf dem hinteren Umschlag eingetragen

1 Casino
Deutschlands älteste Spielbank ist verlockend. Aber verspielen Sie in Baden-Baden bitte nicht Ihre ganze Urlaubskasse (Seite 32)

2 Bad Wildbad
Der Klassiker unter den Heilbädern im Schwarzwald gefiel schon Rossini (Seite 47)

3 Benediktinerkloster Hirsau
Von hier aus haben die Mönche den Schwarzwald besiedelt (Seite 49)

4 Freilichtmuseum Vogtsbauernhof
Hier stehen der Schwarzwald von gestern und der von heute einträchtig Seite an Seite – samt Hühnerstall, Hofkapelle und Leibgeding (Seite 53)

5 Europapark Rust
Lauter Abenteuer der Superlative im größten und schönsten Freizeitpark Deutschlands (Seite 63)

6 Triberger Wasserfälle
Im Sommer überlaufen, im Winter fast menschenleer. Ein abenteuerlicher Kletterpfad führt Sie 163 m hinauf (Seite 66)

7 Münster
Freiburgs Wahrzeichen mit 116 m hohem Turm, dessen luftiger Oberbau lauter schöne Aussichten bietet (Seite 71)

8 Erdmannshöhle
Bei Hasel haben die Jahrtausende wahre Tropfsteinpaläste geschaffen (Seite 81)

> DIE BESTEN MARCO POLO HIGHLIGHTS

9 Hasenhorn
An Todtnaus Hausberg fordern die Sommerrodelbahn und die wilde Downhill-Mountainbike-Strecke Mutige heraus (Seite 82)

10 Deutsches Uhrenmuseum
In Furtwangen läuft die Zeit ganz besonders schön (Seite 85)

11 Titisee
Still ruht der See, obwohl die Seepromenade in Titisee die überlaufenste Meile des Schwarzwalds ist (Seite 89)

12 Feldberg
Wer nicht auf seinem Gipfel war, der war nicht richtig im Schwarzwald (Seite 93)

13 Schluchsee
Vom kleinen Überbleibsel der Eiszeit zum gigantischen Stausee: Der Grundstein für das größte Surf- und Segelparadies des Schwarzwalds wurde schon in den 1920er-Jahren gelegt (Seite 98)

14 Wutachschlucht
Im Grand Canyon des Schwarzwaldes warten 30 km Urwald und Erdgeschichte auf Liebhaber spektakulärer Wanderungen (Seite 99)

15 Schwarzwald-Bahn
Zwei Brücken pro Minute: Zwischen Hausach und St. Georgen zuckelt Deutschlands tollkühnste Gebirgsbahn von Höhepunkt zu Höhepunkt (Seite 102)

WAS
FÜR
EINE
REGION!

AUFTAKT

> Der Schwarzwald bietet eine geballte Dosis heile Welt: klare Luft, unberührte Landschaft, herzhafte Küche und unverdorbene Menschen. Der Schwarzwälder ist kein Animateur. Er wird Sie in Ihrem Urlaub nicht mit hektischen Aktivitäten überfallen und nicht mit täglich neuen Attraktionen ködern. Er hat einen feinen Humor, eine herzliche Gastfreundschaft und einen bodenständigen Sinn für Heimat und Brauchtum. Die Devise beim Schwarzwaldurlaub lautet deshalb: Einfach genießen! Das Angebot kommt ohne marktschreierische Superlative aus, es ist solide und zuverlässig: Natur, Essen und Trinken, Gesundheit, Sport, Wohlfühlen!

> Alpine Gipfel im Süden, Schluchten und verwinkelte Täler in der Mitte, anmutige Hügelkämme im Norden: Das ist der Schwarzwald, Deutschlands prominentestes und meistbesuchtes Mittelgebirge. Wie eine Burg, ein allerdings freundlicher Brocken aus Granit und Buntsandstein, bewacht es den südwestlichsten Winkel des Landes, zwingt den jungen Rhein zu einem umständlichen Bogen bis Basel und ins Elsass hinein, ragt stolz und steil aus der sonnenüberfluteten Rheinebene auf und verläuft sich im Osten in sanften Wellen Richtung Schwabenland.

Von Nord nach Süd erstreckt sich der Schwarzwald auf rund 160 km Länge. Richtung Rheinebene wird er regelmäßig durchbrochen von aufsässigen kleinen Flüssen und ihren malerischen, teils wildromantischen Tälern. Erdgeschichtlich ist der Schwarzwald das Ergebnis eines tektonischen Rülpsers, im Tertiär emporgehoben und später, in der Eiszeit, teilweise wieder abgeschmirgelt und gerundet. Von West nach Ost erreicht der Schwarzwald im Süden eine Breite von fast 60 km, im Norden verjüngt er sich zu einer schmalen Gebirgszunge von gerade noch 20 km Breite.

> Die Römer brachten den Wein in die Region

Rund 60 Prozent des Schwarzwalds sind bewaldet, vorwiegend mit der typischen Fichte. Fälschlicherweise wird diesem Baum wegen seiner finsteren Miene die Patenschaft für den Namen vom schwarzen Wald zugeschrieben. Doch als die Römer, auf die diese Bezeichnung zurückgeht, im 1. Jh. n. Chr. zum ersten Mal an den südlichen Ausläufern dieses Gebirges auftauchten, da fanden sie vorwiegend lichte Buchen-, Eichen- und Kastanienwälder vor und nur auf den

Kein Fachwerk, keine Fichte: Der Schwarzwald kann auch anders, z. B. futuristisch in Freiburg

Höhen Tannen und Fichten. Dass die römischen Geschichtsschreiber trotz des damals grünen Buchenwalds vom schwarzen Wald sprachen, liegt daran, dass sie von Beschaffenheit und Bewohnern dieses Gebirges keinerlei Kenntnisse hatten und es deshalb als unbeschriebenen und somit schwarzen Fleck auf ihren Karten verzeichneten. Die Römer haben nie einen ernsthaften Besiedlungsversuch unternommen, aber sie haben die Thermalquellen im Rheintal entdeckt und genutzt, und sie haben den Weinbau hinterlassen, Erbstücke, von denen die Region heute noch bestens lebt.

Kelten in der vorrömischen und Alemannen in der nachrömischen Zeit gelten als die frühesten Eroberer des Schwarzwalds. Archäologisch greifbare Spuren haben sie nur in der Vorbergzone hinterlassen. Die mühsame Besiedlung einzelner Täler durch Mönchsorden im frühen Mittelalter hat in teilweise grandioser Lage imposante Klosterbauten hervorgebracht. Den Mönchen folgten bäuerliche Kleinsiedler, ab dem 12. Jh. gründeten süddeutsche Adelsfamilien zur Festigung ihrer Gebietsansprüche systematisch Städte. Im Spätmittelalter bildeten sich eigenständige Handwerkszweige aus. Am bekanntesten, und noch heute von Bedeutung, sind die Uhrmacher, die Glasbläser, die Geigenbauer, die Köhler und die Flößer.

Durch den Schwarzwald kann man sich nicht bewegen, ohne auf Schritt und Tritt auf Spuren dieser Besiedlungs- und Kulturgeschichte zu stoßen. Das sind nicht nur die berühmten Klöster, das sind auch die mächtigen Schwarzwaldhöfe, die unter ihren weit heruntergezogenen Walmdächern ruhen und die Welt an sich vorbeirauschen lassen. Und das sind genauso die allgegenwärtige Kuckucksuhr, das klappernde Mühlrad und all die traditionellen Handwerkskünste, die bis heute bewahrt blieben. Bis weit in die 1970er-Jahre waren dies die bevorzugten Themen der heimischen Postkartenindustrie. Sie prägten das weltweit immer noch gehegte Klischee vom Bollenhut- und Kuckucksuhren-Schwarzwald.

> Weltweit gehegte Klischees: Kuckucksuhr und Bollenhut

Prachtvolle Landschaft, gute Luft und eine wunderbare Küche sind zwar immer noch die drei tragenden Säulen des Fremdenverkehrs, doch darüber

WAS WAR WANN?

Geschichtstabelle

Um 600 v. Chr. Keltische Siedlungen im Breisgau und in der Vorbergzone; die Besiedlung des Schwarzwalds beginnt

15 v.–300 n.Chr. Aus römischen Militärbefestigungen, Thermalbädern und Gutshöfen entstehen berühmte heutige Kurorte wie Baden-Baden, Bad Krozingen, Badenweiler und Heitersheim

643 Benediktiner besiedeln den Südschwarzwald und gründen viele Klöster

1120 Erste systematische Stadtgründungen im Südschwarzwald, initiiert durch die regionalen Fürstenhäuser. Am bekanntesten sind die Gründungen Freiburg, Villingen und Offenburg

1524 Erfolgloser Bauernaufstand im Südschwarzwald

1806 Baden wird durch die Neuordnung nach den napoleonischen Kriegen Großherzogtum, die einflussreichen Klöster werden säkularisiert

1848/49 Badische Revolution

ab 1860 Die systematische Erschließung des Schwarzwalds mit Eisenbahnstrecken beginnt. Höhepunkt ist 1887 der Bau der Höllentalbahn

1945 Südbaden und der Schwarzwald werden französische Besatzungszone

1974–1978 Eine Verwaltungsreform führt zu zahlreichen Eingemeindungen und kommunalen Zusammenschlüssen. Dabei entstehen Doppelstädte wie etwa Villingen-Schwenningen, Waldshut-Tiengen oder Titisee-Neustadt

2006 Die Tourismusverbände Nord, Süd und Mitte fusionieren zur gemeinsamen Schwarzwald Tourismus GmbH mit insgesamt 265 Mitgliedsgemeinden

hinaus haben die Themen Gesundheit, Sport, Erlebnisparks, bäuerliches Leben und Kultur ganz stark an Gewicht gewonnen. Aus dem heilklimatischen Kurwesen – lange mit dem Charme der Wadenwickel umgeben – ist die Wellness- und Beautybewegung entstanden, mit Schwerpunkten im Nordschwarzwald und seinen Ausläufern Richtung Oberrhein. Dort ist die Luft nachweislich noch klarer und das Wasser noch mineralischer als andernorts. Im Schlepptau dieser Entwicklung erobern in wachsender Zahl auch attraktive Golfplätze die Schwarzwaldtäler.

Auch jugendliche Trendsportarten wie Drachenfliegen, Inlineskaten und Klettern haben Einzug gehalten. Längst gilt der Schwarzwald europaweit als Eldorado für Mountainbiker. Für neuere Trends stehen weiterhin der Europapark in Rust, sportliche Großereignisse wie das Skispringen, Jazz- und Theaterfestivals, Openairkonzerte und zunehmend auch die gastronomische Ausrichtung, die, stark vom Elsass inspiriert, in den letzten Jahren eine merkliche Verfeinerung und Veredelung erfuhr. Aus den schlichten Ferien auf dem Bauernhof ist inzwischen eine neue Urlaubsform geworden, die man Ökourlaub nennen könnte.

In der Landwirtschaft heißen die großen Themen regionale Vermarktung, naturnahe Produktion von Lebensmitteln, Nutzung regenerativer Energien, Landschaftsschutz und artgerechte Tierhaltung. Große Wochenmärkte mit geradezu mediterranem Charakter, gut sortierte Bauernläden mit

Produkten aus der Region, Höfe mit Biogasanlagen, Sonnenkollektoren auf den Hausdächern, von Landwirten betriebene Windräder auf den Höhen und immer mehr kleine, dezentrale Wasserkraftwerke an allen Schwarzwaldbächen zeugen von einer Region, die sich modern, innovativ und doch traditionsbewusst der Zukunft zugewandt hat.

Zu Weltruhm im Wintersport hat der Schwarzwald es vor allem durch seine Skispringer gebracht. Große

> *Alemannische Fasnet: skurril, schaurig, ausgelassen*

Sprungschanzen stehen in Titisee-Neustadt, in Hinterzarten, in Baiersbronn, Schonach und Schönwald.

Eine spezielle Atmosphäre ganz anderer Art bietet die alemannische Fasnet – ein fröhlicher Ausnahmezustand, von uralten Narrenzünften organisiert, der auf viele historische Wurzeln zurückgeht und sich in skurrilen, bisweilen schaurigen, immer aber ausgelassenen Bräuchen äußert. Sie variieren stark von Region zu Region.

Nicht nur in der Fasnetzeit werden die Schwarzwälder Gästen etwas eigenwillig und kompliziert erscheinen. Vordergründig sind sie verstockt und eigenbrötlerisch. Hinter dieser Schutzmaske verbirgt sich aber ein lebenslustiger, menschenfreundlicher und neugieriger Menschenschlag, der gern feiert, gern isst und trinkt und der stolz an seiner Heimat hängt. Auch das werden Sie bei einer Reise in den Schwarzwald entdecken.

Schwarzwaldbauern wirtschaften modern und oft ökologisch; Nostalgie gibt's nur feiertags

WAS IST ANGESAGT?

Trends, Entdeckungen, Hotspots. Unser Szene-Scout zeigt Ihnen, was im Schwarzwald los ist

Volker Matheis
lebt in München und arbeitet als PR-Berater. Der studierte Betriebswirtschaftler ist im Schwarzwald aufgewachsen. Da er alle paar Wochen seiner Heimat einen Besuch abstattet, weiß er genau, was in der Szene abgeht. Abends zieht es ihn in die angesagtesten Clubs, tagsüber in die Berge. Seine Leidenschaft gehört dem Sport – den ultimativen Kick holt er sich beim Downhill.

LABEL-BOOM

Shirts mit Motto

Der neue Hotspot, wenn es um witzige und coole Mode geht, ist der Schwarzwald. Innovatives mit Öko-Touch kommt von der jungen Marke *Schwarzwald*: Für jedes verkaufte Shirt pflanzen die Erfinder einen Baum. Das Kultlabel verbindet Tradition mit Design und geht damit auf Erfolgskurs *(www.schwarzwald.co.uk)*. Auch die Mädels von *Puderzucker/Hemdle für Mädle* spielen mit den Besonderheiten der Region. Auf ihren Entwürfen, die super angesagt sind, findet man Schriftzüge wie z. B. Dreiländereck *(www.puderzucker.com,* Foto*)*. Trendy ist auch das Freiburger Label *Zucker, Brot & Peitsche* mit seinen knalligen und provokanten Märchen-Motivdrucken – alles in Handarbeit *(www.zuckerbrotpeitsche.com)*. Die jungen Designer kommen von der FH für Gestaltung aus Pforzheim. Zweimal im Jahr präsentieren die Studenten ihre ausgefallenen Ideen auf der Semester-Modenschau *(Holzgartenstraße 36, www.gestaltung.hs-pforzheim.de)*.

NEUE TÖNE

Alternativ und individuell

Die jungen Musiker rocken unabhängig und frech. So heizt die Avantgarde-Punkrockband *bullets at the birthday party* aus Freiburg mit Schlagzeug, Bass und Gitarre dem Publikum ordentlich ein *(www.bulletsatthebirthdayparty.com)*. Die Jungs von *Crime Killing Joker Man* bezeichnen ihre Musik eher als Freestyle-Indie. Chillige Gitarrenklänge mit einem Hauch Jazz und ruhige Melodien sind ihr Markenzeichen *(www.myspace.com/crimekillingjokerman)*. Zu sehen ist die Band unter anderem auf *Tunespoon*, einem unabhängigen Online-Musikfernsehprogramm. Hier bewertet man Musikvideos nicht nach Chart-Erfolg und Marktpotential, sondern nach musikalischem Gehalt und künstlerischem Anspruch *(www.tunespoon.tv)*.

LIVING ART

Progressives in alten Gemäuern

Die kreativen Köpfe verlegen ihre Ateliers und Werkstätten in historische Locations und befinden sich damit auf Erfolgskurs. Früher wurde im Freiburger *E-Werk* aus Kohle Strom erzeugt, nun versuchen die Künstler aus Kunst Kohle zu machen. Kreative verschiedener Richtungen haben sich hier angesiedelt: Von Malern und Bildhauern über eine Jazz- und Rockschule bis hin zu einem experimentellen Theater *(Eschholzstr. 77, www.ewerk-freiburg.de,* Foto*)*. Auch das Lörracher Projekt *Artischocke* vereint mit Galerie, Restaurant und Philosophencafé unterschiedliche Bereiche unter einem Dach. Echt schräg: In dem Jugendstilhaus war früher eine Metzgerei untergebracht – die ehemalige Räucherkammer ist heute Ausstellungsraum für zeitgenössische Kunst *(Tumringer Str. 223, Lörrach, www.artischocke-loerrach.de)*. Ein lebendiges und buntes Kulturzentrum ist in den Hallen der ehemaligen Seidenstoffweberei in Weil am Rhein entstanden. Hier gibt's 21 Ateliers, einen Theater- und Konzertraum, Kreativwerkstätten und ein Kulturcafé *(Am Kesselhaus 13, www.kulturzentrum-kesselhaus.de)*.

▶▶ SCHOKOKUNST

Zuckerbäcker trumpfen auf

Schokomanufakturen erleben ein Revival. Individuell gestaltetes Naschwerk ist begehrter denn je. Ausgefallenes nach Wunsch gibt's bei *Schokolade & Mehr*: Süße Badeperlen aus Joghurttrüffeln, Schoko-Kuckucksuhren und laktosefreie Bio-Schokolade sind die Spezialitäten *(Gerwigstraße 33, St. Georgen, www.schokoladeundmehr.de)*. Wer wissen will, wie Schoko-Kunstwerke entstehen, kann in der Schau-Konfiserie der Manufaktur *Holz* den Zuckerbäckern über die Schulter schauen und nebenbei ausgefallene Sonderwünsche anfertigen lassen *(Freudenstädter Str. 1, Baiersbronn, www.schokomanufaktur.de)*.

▶▶ LE PARKOUR

Die Suche nach dem kürzesten Weg

Mit präzisen Sprüngen Hindernisse wie Mauern, Häuser oder auch Tischtennisplatten zu überwinden entwickelt sich zum Trendsport Nummer eins. Vor allem in Freiburg formiert sich eine aktive Szene um die Profis Sven Feix und Nicola Bonina *(www.parkourfreiburg.de.tl,* Foto*)*. Mit Workshops und offenen Trainings machen sie ihren Sport publik. Kontrollierte Sprünge bis zu vier Metern in die Tiefe und ein festgelegter Parcours sind die Herausforderung. Auch in Pforzheim gibt es Parkour-Gruppen wie *Low Gravity*, die unter anderem Anfängern die besten Routen durch die City zeigen *(team-lg.blogspot.com)*.

▶▶ TWO IN ONE

Chillout-Zone und Dance-Area

In Sachen Nightlife geht der Trend zum Kombi-Club! Loungebereiche, in denen man sich während des Tanzens eine Verschnaufpause gönnen kann, stehen hoch im Kurs. Chillen und Feiern ist das Erfolgsrezept. Eine der begehrtesten Locations Freiburgs ist momentan das *Drifters*. Auf der Tanzfläche rockt man zu Livemusik, in spacigen Nischen chillt man auf gemütlichen Sofas *(Schnewlinstr. 7–9, Freiburg, www.drifters-club.de)*. Und im Pforzheimer *Como Club* entspannt man in der Loungearea mit beleuchteten Milchglassäulen oder groovt zu House, R'n'B und Danceclassics *(Am Schlossberg Stiftshof, Pforzheim, www.como-club.de,* Foto*)*.

BIKE-CROSS

Mit Highspeed über Stock und Stein

Die Mountainbike-Szene schaut auf den Schwarzwald. Auf einer 450 Kilometer langen Route sind insgesamt 16 000 Höhenmeter mit Hilfe von GPS und Karte zu überwinden. Der Mountainbike-Weg führt von Pforzheim bis Bad Säckingen und ist für trainierte Fahrer locker in sieben bis acht Tagen zu schaffen *(www.bike-crossing-schwarzwald.info)*. Wer es noch extremer mag: Der Downhill auf dem Singletrail-Parcours Eulenloch Schömberg ist mehr als anspruchsvoll. 1,5 Kilometer geht es über Wurzelpassagen, Steinfelder, Steilstücke und Krater auf direktem Weg nach unten *(www.schoemberg.de)*. Alle Infos auf einen Blick: Die besten Tipps zu Touren und Veranstaltungen für Biker bietet das kostenlose Online-Magazin *www.schwarzwald-mountainbiker.de*. Einloggen und los geht's!

ZURÜCK ZUR NATUR

Bio-Treatments mit lokalen Produkten

Die neue Spa-Generation setzt auf Öko-Luxus und bietet Behandlungen auf der Basis von Kräutern und Pflanzen aus der Region. Weit oben auf der Beliebtheitsskala: die Schwarzwälder Heublumenpackung oder das Fichtennadel-Sprudelfußbad. Beides gibt's im *Wellness & Vitalhotel Mangler (Am Ennerbach 28, Todtnauberg, www.mangler.de,* Foto*)*. Im Spa des Hotels *Krone Lamm* schwört man auf die vitalisierende Wirkung des Schwarzwald-Kräuterbades und die entspannende und wohltuende Kombination aus Lavendel, Holunder und Rosmarin *(Marktplatz 2+3, Bad Teinach-Zavelstein, www.berlins-hotel.de)*. Frische Molke, Jojoba- und Weizenkeimöl sind die Hauptzutaten der selbstgemachten Schwarzwaldkosmetik vom *Ospelehof*. Die Bio-Cremes werden im Familienbetrieb hergestellt *(Windeck 2, Hinterzarten, www.ospelehof.de)*.

ALEMANNISCHE ENERGIE

Im Schwarzwald geht es eigenwillig und für Gäste manchmal durchaus überraschend zu

ALEMANNEN

Alemannia ist die fast ebenso gebräuchliche internationale Bezeichnung für Deutschland wie Germany. Dabei sind die Alemannen historisch gesehen nur ein kleiner westgermanischer Stamm gewesen, der ab dem 2. Jh. Südwestdeutschland sowie Teile der heutigen Schweiz und des Elsass besiedelte. Die am Ostrand des Schwarzwalds ins Schwäbische übergehende alemannische Mundart wird liebevoll vom Verein der „Muettersprochgesellschaft“ und seinen vielen Ortsgruppen gepflegt.

BOLLENHUT

Ursprünglich stammt dieser Strohhut mit den Bollen obendrauf aus zwei kleinen Seitentälern der Kinzig, dem Gutachtal und dem Kirnbachtal, wo er heute noch von den Frauen im

Bild: Alemannische Fastnet – Narrensprung in Rottweil

STICH WORTE

Heimat- und Trachtenverein „Kirnbacher Kurrende" stolz ausgeführt wird.

Vierzehn schwarze Bollen auf dem Hut signalisieren: Diese Frau ist verheiratet! Rote Bollen bedeuten: unverheiratet. Echte Bollenhüte – komplett mit Tracht für 2000 Euro – stellen in Kirnbach nur noch Waltraud Kech *(Talstr. 22 | Tel. 07834/10 75)* und im Nachbardorf Gutach Hedwig Kaltenbach *(Hauptstr. 33 | Tel. 07833/62 82)* her. Als Souvenir tut es auch das Imitat ab 20 Euro; das gibt es überall im Schwarzwald.

ENERGIE

Dass die Kuh Milch gibt, das wissen wir alle, und dass unter einem Kuhfladen auf der Weide im nächsten Jahr das Gras besonders grün wächst, also irgendeine geheime Kraft darin wohnt, hat sich auch schon herumgesprochen. Aber eine Kuh, die Strom gibt? Die Schwarzwaldkuh, das Wundertier, hat es geschafft. Sie produziert im Labyrinth ihrer vier Mägen nämlich Methangas, und der kluge Schwarzwaldbauer hat herausgefunden, wie er dieses Biogas zur

1 a Energiespender: die Schwarzwaldkuh

Strom- und Wärmeerzeugung nutzen kann: Der Kuhmist und andere landwirtschaftliche Abfälle werden in Silos gesammelt. Bei der Zersetzung entstehen Faulgase, die in Generatoren abgeleitet werden. Durch die Verbrennung des Gasgemischs werden Strom und Wärme erzeugt. Dahinter steckt ein starker Trend mit noch ganz anderen Facetten: der Trend vom Landwirt als Energiewirt. Die Bauern betreiben zunehmend Wind- und Wasserkraftanlagen, nutzen Solarenergie, verfeuern ihr Holz in Holzhackschnitzelheizungen, sie bauen Raps an, aus dem Biodiesel gewonnen wird. Innovative, regenerative Energien spielen im Schwarzwald eine immer größere Rolle.

Der Schwarzwald als Vorreiter bei der Nutzung regenerativer Energien ist auf speziell ausgelegten Wanderrouten auch schon touristisch erfahrbar *(Infos: www.naturenergie-wutachregion.de)*.

FASNET

Das wichtigste Fest im Schwarzwald beginnt am *schmutzigen Dunschdig* mit einer Art Lynchjustiz. Der Bürgermeister muss den symbolischen Rathausschlüssel abliefern, und seltsam maskierte Gestalten in bunten Kostümen richten unter ohrenbetäubender, triumphaler Blasmusik vor dem örtlichen Rathaus einen großen geschälten Baum auf, den Narrenbaum. Bis Aschermittwoch herrscht dann Ausnahmezustand, ein Hexen- und Schelmentreiben mit von Ort zu Ort unterschiedlichen Traditionen. Was man wissen muss: Die Brauchtumsfasnet wird von Vereinen gepflegt, die sich Zünfte nennen. Hexen- und Teufelszünfte sind in der Überzahl, beliebt ist aber auch der lustige, spitzbübische Narr. Bei den Umzügen mit oft Tausenden von Maskenträgern sollten hübsche junge Mädchen am Straßenrand vor Verschleppungen auf der Hut sein, denn Käfige, Riesenkochtöpfe, hölzerne Pranger, leere Weinfässer und andere Foltergerätschaften werden nur zu diesem Zweck mitgeführt und wenig zimperlich genutzt.

Die alemannische Fasnet geht auf jahrhundertealte Bräuche zurück, mit denen der Winter vertrieben und die

Obrigkeit verspottet wird. Am Aschermittwoch ist noch nicht alles vorbei, im Südschwarzwald folgt eine Woche später die *Buurefasnet,* bei der auf den Berggipfeln große Scheiterhaufen angezündet und brennende Holzscheiben ins Tal hinunter geschlagen werden. Ein Brauch, mit dem junge Burschen ihre Liebste grüßen.

GELBFÜSSLER

Schwaben und Badener pflegen liebevoll eine Feindschaft, die so recht niemand erklären kann. Sie werden staunen, über welchen Fundus an Schwabenwitzen jeder Badener verfügt. „Über Baden lacht die Sonne, über Schwaben die ganze Welt" ist nur einer der Sprüche, die davon Zeugnis ablegen. Die Schwaben haben folgende Lüge über die Badener in die Welt gesetzt: Einst wollten sechs Schwaben und ein Badener eine Fuhre roher Eier über die Alb befördern. Der an diesem Transport beteiligte Badener wollte es besonders schlau anstellen, hat aber alles vermasselt. Er zerstampfte die Eier, um möglichst viele auf das Fuhrwerk zu bekommen. Von der unglücklichen Aktion bekam er eiergelb gefärbte Füße und wurde von den sechs Schwaben deshalb als „Gelbfüßler" verspottet, ein Name, der heute allen Badenern schmachvoll anhängt.

HORNBERGER SCHIESSEN

Anno 1564 erwarteten die Hornberger hohen Besuch: Der Herzog von Württemberg hatte sich zu einem Lokaltermin angesagt. Ganz Hornberg hatte sich schon frühmorgens herausgeputzt, auf der Wiese vor dem Dorf stand das Festzelt, das Salutkomitee

> FLÜSSIGE TANNENZÄPFLE

In Rothaus wird seit 200 Jahren Patriotismus gebraut

Es gibt ein Bier im Schwarzwald, das schäumt zwar auch nicht anders als andere, ist aber trotzdem aus einer anderen Welt: das Rothaus-Bier. Die über 200 Jahre alte badische Staatsbrauerei in Rothaus im Südschwarzwald braut Patriotismus – wer zu viel davon trinkt, der hat eine Landesfahne. Rothaus-Bier hat Kultcharakter, weil es die alte badische Herrlichkeit verkörpert. Natürlich schmeckt es auch gut, so gut, dass es ohne Fernsehwerbung und ohne Dosenabfüllung die einzige Brauerei in Baden-Württemberg mit seit Jahren konstanten Absatzsteigerungen ist. Die 0,33-l-Premium-Flasche heißt bei Rothaus „Tannenzäpfle". Das Schwarzwaldmädel auf dem Etikett der Rothaus-Flaschen nennt sich übrigens Birgit, weil es die ist, die das „Bier gitt" (gibt). Rothaus-Bier ist im Schwarzwald allgegenwärtig, aber auch direkt an der Quelle zu testen: im *Brauereigasthaus Schwarzwaldhotel Rothaus (38 Zi. | Grafenhausen Rothaus | auf dem Brauereigelände | Tel. 07748/920 90 | www.schwarzwaldhotel-rothaus.de | €–€€).*

stand bereit, nur der Herzog, der kam nicht.

„Na, trinken wir erst mal einen“, verfügte der Hornberger Bürgermeister, und damit die Zeit nicht lang werde, könne man ja den Empfang schon einmal üben. Eifrig wurde übungshalber Salut geschossen, bis das Hornberger Tal im Pulverdampf versank. Als der Herzog schließlich eintraf, war das ganze Pulver verschossen. Au weia, wie nun den Herzog gebührend empfangen? Hornbergs Schützenelite, vom Festbier ermutigt, fand eine gewagte Lösung. Böllerschüsse gab es keine, dafür riefen sie aus vollen Kehlen „Piff-Paff! Piff-Paff!“ als der Herzog einritt. Seither steht das Hornberger Schießen für alle Großereignisse, die hoffnungslos in die Hose gehen. Und in Hornberg, wo man sich gar nicht dafür schämt, wird der berühmte Vorfall alljährlich als Freilichtstück nachgespielt.

KUCKUCKSUHR

Das Uhrmacherhandwerk im Schwarzwald war längst in Blüte, die eigentliche Schwarzwalduhr, die bemalte so genannte Schilderuhr schon auf der ganzen Welt bekannt, da kreierte um 1730 ein Uhrmacher in Schönwald eine etwas verspielte Variante, die Kuckucksuhr. Die Vorderseite ist nicht bemalt, sondern geschnitzt. Den Kuckuck wählte der Uhrmacher als Stundenansager, weil sein Ruf sich besonders leicht mechanisch imitieren ließ.

Um die Erfindung der Kuckucksuhr rankt sich auch eine kleine Sage. Ein armer Uhrmacher, dessen Uhren niemand kaufen wollte, fand eines Tages im Wald einen kleinen, hilflosen Kuckuck. Er nahm ihn mit in seine Werkstatt und zog ihn dort groß. Das kluge Vögelchen hatte einen Lieblingsplatz auf einer holzgeschnitzten Uhr, und dort imitierte es

Das tiefgezogene Dach des Schwarzwaldhauses bietet Mensch, Tier und Kruzifix Schutz

bald das Schlagen der vielen Uhren in der Werkstatt. Und so kam dem Uhrmacher die Idee zum Bau der ersten Kuckucksuhr.

MÜHLEN

Ungezählte kleine und große Klappermühlen stehen im Schwarzwald und sind oft noch in Betrieb. Sie schaufeln das Wasser schon seit dem 17. Jh. unermüdlich aus den Schwarzwaldbächen und spucken es in glitzernden Kaskaden fröhlich plätschernd wieder aus. Mit dieser Wasserkraft treiben sie Sägegatter, Mahlsteine, Löffelschmieden und Funzellampen im Kuhstall an. Der Pfingstmontag ist zum *Mühlentag* ernannt worden; da werden überall im Schwarzwald die knarrenden Holztüren für interessiertes Publikum geöffnet.

Schwarzwälder Zeitvertreib: Uhrenträger im Simonswäldertal

SCHWARZWALD-HAUS

Nichts erscheint so typisch für den Schwarzwald wie das Schwarzwaldhaus. Es ist ganz von der Natur der Region bestimmt, in Form und Baustoff, in seiner inneren Gliederung und in seiner Stellung in der Landschaft – ein Gesamtkunstwerk. Das typische Schwarzwaldhaus, ganz aus Holz, trotzt mit seinem mächtigen, 45 bis 50 Grad geneigten Dach Wind, Regen und Schnee. Mensch, Tier und Vorräte sind unter diesem Dach geborgen. Zur Sonnenseite hin wohnt die Familie, oft drei oder vier Generationen unter einem Dach, Wand an Wand zum Kuhstall, der willkommener Wärmespeicher im Winter war.

Früher war das Schwarzwaldhaus stroh- und schindelgedeckt, heute hat sich manche Sünde eingeschlichen. Auf den Giebelseiten zeigt das Dach eine abgeflachte Stirn, den Walm, auf der Wetterseite reicht es bis fast hinunter zum Erdboden.

Im Laufe der Jahrhunderte ist das Holz steinhart und schwarz geworden, ein markanter farblicher Kontrast zu den Kästen mit roten Geranien, die vor die Sprossenfenster und an die Laubengänge unter dem Dach gehängt werden. Überall im Schwarzwald können Sie solche uralten Höfe hautnah erleben, denn das Angebot für Ferien auf einem Bauernhof ist groß.

HÖHEPUNKT IST DIE FASNET

Wild und ausgelassen wird sie gefeiert. Und jede Narrenzunft pflegt dabei ihr ganz eigenes alemannisches Brauchtum

FEIERTAGE

1. Jan. *(Neujahr)*; **6. Jan.** *(Hl. Drei Könige)*; **Karfreitag; Ostermontag; 1. Mai** *(Tag der Arbeit)*; **Christi Himmelfahrt; Pfingstmontag; Fronleichnam; 3. Okt.** *(Tag der Deutschen Einheit)*; **1. Nov.** *(Allerheiligen)*; **25. und 26. Dez.** *(Weihnachten)*.
Fasnetmändig (Rosenmontag) ist zwar kein gesetzlicher Feiertag, wird aber von Ämtern, Schulen und Einzelhandel eisern so behandelt.

FESTE UND VERANSTALTUNGEN

Januar/Februar

Schlittenhunderennen in Todtmoos und Bernau
Alemannische Fasnet: z. B. *Narrensprung* in Rottweil, wo frühmorgens auf ein Signal hin Tausende Narren durchs Stadttor springen und die Stadt wecken, Insider Tipp *Bach-na-Fahrt* in Schramberg, *Schuttigumzug* im Elztal und *Buurefasnet* mit Scheibenschlagen immer eine Woche nach der offiziellen Fasnet

März

Hornschlittenrennen im Südschwarzwald
Pferdezüchtertag in St. Märgen
Horn-Marathon in Menzenschwand Insider Tipp
Puppentheater-Tage in Gernsbach

April

Weißer Sonntag mit Kindern in Tracht in St. Märgen, St. Peter und im Kinzigtal
Uhren-Sammlerbörse in Eisenbach
Trachtenschäfer-Umzug in Bad Peterstal-Griesbach

Mai

Mühlentag – Schwarzwaldmühlen öffnen ihre Türen (Pfingstmontag)
Badische Weinmesse in Offenburg
Internationales Klavierduo-Festival in Bad Herrenalb
Frühjahrsmeeting: Galopprennen in Baden-Baden, Iffezheim

Juni

Zelt-Musik-Festival in Freiburg
Festival der Spielleute in Oberkirch (nur

Aktuelle Events weltweit auf www.marcopolo.de/events

> EVENTS FESTE & MEHR

in Jahren mit ungerader Zahl)
Hirsauer Klosterspiele: Freilufttheater in der Klosterruine
Fronleichnamsprozession. Besonders prachtvoll in Hüfingen
Bad Herrenalber Sommernachtstheater an der Klosterruine

Juli
Orgelfest in Waldkirch
Stimmen-Festival in Lörrach, Open-Air-Konzerte mit namhaften Pop-, Blues-, Soul- und Rockkünstlern
Seenachtsfest in Titisee und Schluchsee
Musikfestival Rossini in Bad Wildbad
Hornberger Schießen (6 Vorstellungen bis Sept.) in Hornberg
Floßhafenfest in Wolfach: Mehrere Hundert zu einem Floß zusammengefügte Baumstämme werden stromabwärts rangiert.

August
Insider Tipp *Feldberger Laurentiusfest* (10. Aug.) mit Freiluftgottesdienst und Festbetrieb auf Viehhütten
Waldshuter Chilbi: einwöchiges Heimatfest mit historischem Trachtenumzug
Hinterzartener Sommer-Skispringen
Antik-Uhrenmesse in Furtwangen
Holzbildhauerwettbewerb in St. Blasien

September
Zwetschgenfest in Bühl
Öchsle-Fest (Wein- und Mostfest) in Pforzheim

Oktober
Donaueschinger Musiktage: Treffen der musikalischen Avantgarde

November
Historischer Katharinenmarkt (Kätterlismärkt) in Seelbach (Totensonntag)

Dezember
Adventskalender in Schonach (tgl. ein anderes Haus) und in Gengenbach (24 Kunstmotive in den 24 Rathausfenstern) Insider Tipp
Weihnachtsmärkte. Besonders empfehlenswert in Freiburg

> WEISST DU, WO DIE VIELEN STERNLEIN STEHEN?

Der Schwarzwald ist ein Schlemmer-Paradies – für Gourmets genauso wie für Freunde der schnörkellos-bodenständigen Küche. Und vergessen Sie ja nicht die hervorragenden Suppen

> Zwischen Käse- und Rösti-Schweizern im Süden, schwäbischen Maultaschenhelden im Osten und elsässischen Gourmets im Westen, hat sich der Schwarzwald zur kulinarischen Oase des Südwestens entwickelt. Das reichlich sternengekrönte Erfolgsrezept ist die Mischung der Küchen des Dreiländerecks (aktuelle Übersicht über alle ausgezeichneten Häuser unter *www.schwarzwaldtourismus.info*).

Wie bei den Nachbarn folgt die Auswahl der Grundprodukte meist hohen qualitativen Ansprüchen. Frisch sollen sie sein, und so viel wie möglich kommt aus der Region, aus heimischer Produktion.

Freilich gibt es auch hier ideenlose Tellerknechte, die sich damit begnügen, geschmacksneutrale Großmarktware aufzumotzen, und einen überladenen Teller schon als Ausweis besonderer Kochkunst ansehen. Machen Sie einen Bogen um die siebenseitige Vom-Schwein-, Vom-Rind-,

ESSEN & TRINKEN

Vom-Kalb-Karte, und Sie haben schon viel Unheil vermieden.

Halten Sie zuerst Ausschau nach Bodenständigem. Sie erkennen es an den Wirtshausnamen: *Zum Ochsen, Zum Engel, Zum Löwen, Zum Adler, Zum Wilden Mann* – das sind Häuser, die meist Jahrhunderte auf dem Buckel haben und die von einheimischen Gästen leben. Die gutbürgerliche Küche des Schwarzwalds ist leicht fleisch- und kartoffellastig, solide, saisonal abgewandelt – achten Sie unbedingt auf Wild-, Lamm- und Fischspezialitäten –, aber immer dominiert von Produkten der Region.

Typisch für den Schwarzwald ist die Suppenliebe. Selbst Äpfel, Holunder und Petersilienwurzeln haben es zu Suppenwürde gebracht. Bevorzugt werden vielfach variierte Hühner- und Rinderkraftbrühen mit Flädle, das sind Pfannkuchenstreifen, Nudeln oder anderen Teigwaren veredelt.

Aber auch die Gemüsesuppen sind köstlich: aus Kartoffeln, Spargel, Rüben, Lauch, Erbsen, Tomaten. Wenn Sie bei Tagesmenüs auf die Suppe verzichten, verpassen Sie etwas.

Den Schwarzwald erkennen Sie auch am allgegenwärtigen Vesper. Hier wird immer gevespert: früh am Morgen, nachmittags, am späten Abend. Von der Bauernwirtschaft bis zum Gourmetrestaurant, alle führen in Konkurrenz zur Speisekarte die eigenständige Vesperkarte. Die Köche beweisen ihre hohe Kunst bei badischen und elsässischen Wurstsalatvariationen, der Käse ist nicht zu ver-

> SPEZIALITÄTEN

Genießen Sie die typisch Schwarzwälder Küche!

Badischer Sauerbraten – Rindfleisch, drei Tage in Rotwein und Essig eingelegt, dann im Topf angebraten und geschmort
Bibbeleskäs – aus Rohmilch, angemacht mit Kräutern und Zwiebeln. Wird vorzugsweise mit Pellkartoffeln serviert
Brägele – gepellte Kartoffeln klein geschnitten (in Scheiben oder Würfel) und in heißem Schmalz in der Pfanne knusprig gebraten. Speck und Zwiebeln rösten mit
Dummis – Pfannkuchen aus einem Teig aus Mehl, Milch und Eiern, in der Pfanne in kleine Stücke geschnitten oder gehackt

Kracherle – geröstete Brot- und Speckwürfel, meist als Beigabe im Salat
Ochsenfleisch – gekochtes Rindfleisch. Mit Meerrettichsoße und Salzkartoffeln eine badische Spezialität
Riebelesuppe – Fleischbrühe mit Einlage aus einem Mehl-Eier-Teig, der so lange zwischen den Handflächen gerieben wird, bis Brösel entstehen
Saueressen (Suuressen) – geschnittene Kutteln (Rindermagen), Schweinsfüßchen, Rindfleisch und Hammel gemeinsam angeröstet, in einer Mehlsuppe aufgekocht, mit Rotwein und/oder Essig abgeschmeckt
Schäufele – gepökelte, geräucherte und dann in Wasser gekochte Schweineschulter, mit Kartoffelsalat serviert
Schlachtplatte – Blut- und Leberwurst, Kesselfleisch, Kartoffelbrei und Kraut. Eine Herbstspezialität
Schwarzwälder Kirschtorte – große Sahnetorte mit mehreren Biskuitböden, die mit Kirschmasse bestrichen und mit Kirschwasser getränkt sind (Foto)
Stockfisch – in gesalzenem Wasser gezogener Trockenfisch, mit Sauerkraut serviert. Wird am Aschermittwoch gegessen
Strieble – Mehlteig, der (über einen Trichter) in heißes Fett getropft wird, goldgelb gebacken, mit Puderzucker oder Zimt bestreut

achten, doch Flaggschiff der Vesperkarten ist immer noch das berühmte Speckvesper. Es besteht aus Bauernbrot, Bauch- und Schinkenspeck, Leber- und Schwarzwurst sowie rohen Zwiebeln. Bei Preisen zwischen 5 und 9 Euro liegen Sie richtig, alles darüber ist Nepp.

Günstigere Angebote finden Sie in vielen Straußenwirtschaften. Das sind nur zeitweise geöffnete Wirtschaften, von Landwirten oder Winzern betrieben, um die eigenen Produkte zu verkaufen. Früher hingen Besen oder Blumensträuße am Haus, die anzeigten, dass die Wirtschaft geöffnet ist. Daher der Begriff „Straußen-" oder „Besenwirtschaft". Ein Verzeichnis der wichtigsten liegt an allen Tankstellen im Schwarzwald aus.

Zum Vesper gehört das Schwarzwälder Bauernbrot. Es ist für seine knusprige Kruste und den herzhaften Teig bekannt. Mancherorts backen es die Bauern noch im Holzofen und bieten es direkt ab Hof zum Verkauf an.

Regionale Spezialitäten entdecken Sie am ehesten auf Kirchweihfesten, während der Schlachtzeit im Herbst, auf Weihnachtsmärkten, Weinfesten und an kirchlichen Feiertagen.

Die alte Brautradition meist klösterlicher Ursprünge hat dem Schwarzwald kräftige, geschmackvolle Biere aus Alpirsbach, Rothaus und Fürstenberg beschert. Daneben haben viele kleine Familienbrauereien überlebt. Es lohnt sich, bei der Getränkeauswahl darauf zu achten.

Der Schwarzwald ist im eigentlichen Sinne keine Weingegend, angebaut wird nur in einigen Tälern der Vorbergzone. Er ist aber wegen seiner Nähe zu den Rebhängen am Oberrhein trotzdem ein Weinparadies. Die badischen Kabinettweine sind ideale Begleiter zu nahezu allen Speisen, sie gehören zu den leichtesten der Welt. Etwas runder ist der Gutedel aus dem Markgräflerland, ein angenehmer Tischwein. Noch gehaltvoller präsentiert sich der Weißburgunder vom Kaiserstuhl. Die Rieslinge aus Durbach und Oberkirch sind gute Gefährten bei allen Anlässen. Der Ortenauer Spätburgunder passt zu Wildgerichten. Kultcharakter hat der Grauburgunder vom Kaiserstuhl.

Wie das Land, so das Bier: Tannenzäpfle

Die Verdauung befördern der Obstler (aus Birnen und Äpfeln) und der Hefeschnaps; sie werden an Werktagen getrunken. Das edle Kirschwasser und auch Zwetschgenwasser sind eher Feiertagsschnäpse. Den Most aus Äpfeln und Birnen trinkt man als Süßmost „neuer Süßer" im Herbst, danach vergoren als leicht säuerlichen Obstwein.

SPECK, SCHNAPS, SCHILDERUHREN

Produkte aus Handwerk und Landwirtschaft sind besonders zu empfehlen

> In Zeiten der Outletcenter und Filialkettenkultur wird es auch im Schwarzwald zunehmend schwieriger, echte einheimische Spezialitäten zu finden. Bei Produkten aus dem Handwerk und der Landwirtschaft liegen Sie aber meistens richtig.

ANTIQUITÄTEN

Achten Sie bei der Fahrt über die Dörfer besonders auf handgezimmerte Hinweisschilder „Antiquitäten" am Straßenrand. Dann landen Sie oft in einem alten Bauernhof oder in einer Hinterhofwerkstatt, wo Sie von Urgroßmutters Stickereien über die Fahne der badischen Freischärler bis hin zum Vorkriegs-Röhrenradio aus dem Villinger Saba-Werk die unglaublichsten Dinge finden.

EINKAUFSSTÄDTE

Über das rein Touristische hinaus ist der Schwarzwald nicht unbedingt für einen Shoppingurlaub geeignet, abgesehen von einigen Städten. Eine schöne Einkaufs- und Bummelstadt ist Freiburg mit der Fußgängerzone in der historischen Altstadt. Auch Emmendingen und Offenburg bieten attraktive Fußgängerzonen. Baden-Baden setzt mit seinen Edelboutiquen und Juwelieren einen gut gefüllten Geldbeutel voraus.

KUNSTHANDWERK

Die Tradition der Holzschnitzer, Glasbläser und Strohflechter hat im Schwarzwald eine recht beachtliche Kunsthandwerkszene hinterlassen. Strohschuhe und Strohhüte, geflochtene Weidenkörbe, Holzschnitzereien, Weihnachtskrippen und mundgeblasene Glasprodukte findet man an allen touristischen Zielen des Schwarzwaldes. Wenn die Glasbläserei, die Schnitzerwerkstatt oder die Korbmacherei direkt bei der Verkaufsstelle ist und man den Meistern bei der Arbeit über die Schulter schauen kann, erhält man garantiert handgefertigte Ware.

> EINKAUFEN

LEBENSMITTEL

Für die heimischen Spezialitäten empfiehlt sich der Besuch von Wochenmärkten oder gleich der Einkauf an der Quelle, nämlich direkt auf dem Bauernhof. Viele Landwirte haben den Hofverkauf als zusätzliche Einnahmequelle entdeckt und bieten Selbstgemachtes: Speck, Schinken, Würste, Eier, Butter, Bauernbrot, Marmeladen, Milch und Honig.

SCHMUCK

Die Schmuck- und Edelsteinstadt des Schwarzwaldes ist Pforzheim. In der „Goldstadt" bieten zahlreiche Juweliere und Werkstätten ihre Preziosen an, es gibt dort aber auch regelmäßige Schmuckmessen, Auktionen oder Dauerverkaufsausstellungen. Das Einkaufszentrum „Schmuckwelten" *(Mo–Sa 10–19, So 11–18 Uhr | Eintritt 6,50 Euro | www.schmuckwelten.de)* bietet auf insgesamt 4000 m^2 ein europaweit einmaliges Einkaufserlebnis für Uhren- und Schmuckliebhaber.

SCHNÄPSE

Die zahlreichen Kleinbrenner in der Ortenau (Nordschwarzwald), im Kinzigtal (Mittelschwarzwald) und im Markgräflerland (Südschwarzwald) bieten Selbstgebranntes im Hausverkauf. Neben dem Schwarzwälder Kirschwasser sind dies vor allem Zwetschgen- und Birnenschnäpse, Obstler (Apfel und Birnen), Weinhefeschnäpse und Edelbrände wie Himbeergeist oder Zibärtle (Wildkirsche).

UHREN

Die echte Schwarzwälder Schilderuhr wird noch in kleinen Werkstätten hergestellt, ist aber, da das Uhrenschild handbemalt wird, sehr teuer (ab 250 Euro). An historische Uhren kommt man nur über Privatkontakte oder mit viel Glück auf Tausch- und Sammlerbörsen. Moderne Kuckucksuhren in allen Größen und Ausstattungsvarianten gibt es in jedem Andenkenladen, 20 Euro kosten die Kleinsten, über 1000 Euro die Größten.

> HEISSE QUELLEN, KÜHLE WÄLDER

Mondän und gesund leben Kurgäste im Dreieck Baden-Baden, Pforzheim und Freudenstadt

> Die Eingangstore in diesen ruhigsten Teil des Schwarzwalds sind Baden-Baden, Pforzheim und Freudenstadt. Drei Städte, in denen es glitzert: in Baden-Baden vom Geld der Highsociety, in Pforzheim vom Gold und Silber der Schmuckindustrie und in Freudenstadt von Eis und Schnee im Winter.

Noch Anfang des 20. Jhs. waren die Höhenzüge des Nordschwarzwalds nahezu unerschlossen, und bis heute herrscht in manchem Winkel noch die Einsamkeit früherer Jahrhunderte. Flößer, Holzfäller und Schwarzwaldbauern waren hier lange unter sich. Sie siedelten in der Nähe der Klöster, die auf den Höhen seit Urzeiten Wache halten. In den engen Tälern schmiegen sich mittelalterliche Siedlungen an die Berghänge. Auf den Hochflächen wurde im Lauf der Zeit raubbauartig Wald gerodet. Aus den einstigen Holzfäller- und Bauerndörfern auf diesen

Bild: Caracalla-Therme in Baden-Baden

NÖRDLICHER SCHWARZWALD

Hochflächen sind heute viele kleine Weiler von karger Schönheit geworden.

BADEN-BADEN

KARTE IN DER HINTEREN UMSCHLAGKLAPPE

[120 C3–4] **Es klingt abgedroschen, bleibt aber wahr: Baden-Baden (55000 Ew.) bedeutet Geld, Noblesse, etwas Dekadenz und ein internationales Publikum.** Es ist ein Monaco am Rhein, prunkvoll erbaut, mit barocken Villen, kleinen Schlössern gar, mit eleganten Geschäften, opulenten Alleen, verschwenderischen Parks. Europas Sommerhauptstadt, so wurde Baden-Baden einst gerühmt. Vom alten Glanz mag manches abgebröckelt sein, aber dass es hier auf 10000 Einwohner immer noch die meisten Millionäre bundesweit gibt, kann nicht nur am Spielkasino liegen.

Toi, toi, toi!

SEHENSWERTES

CARACALLA-THERME ★

Moderne Badelandschaft auf über 900 m², Whirlpools, Innen- und Außenbecken, Luftsprudel, Wasserfälle, völlig neu gestaltete Saunalandschaft, Aromadampfbad, Kinderbecken mit Betreuung. Besichtigung der historischen römischen Badruinen *(2 Euro mehr). Tgl. 8–22 Uhr | Eintritt ab 13 Euro*

CASINO ★

Dies ist die älteste Spielbank Deutschlands (seit 1838), mit barocken, prunkvollen Sälen in Marmor, Gold und Seide und der Atmosphäre der Belle Epoque. Roulette, Black Jack, Bakkarat und Poker heißen die Glücksspiele. Herren brauchen ein Jackett und eine Krawatte, alle einen gültigen Ausweis, um eingelassen zu werden (Mindestalter 21 Jahre). Der Mindesteinsatz im Casino beträgt 2 Euro. *So–Do 14–2, Fr/Sa 14–3 Uhr, feiertags geschl. | Eintritt 3 Euro | Führungen vor Spielbetrieb 9.30–12 Uhr alle 30 Min. | Eintritt 4 Euro*

FRIEDRICHSBAD

Römisch-irisches Thermalbad am Marktplatz. Einzigartige Kombination aus Heißluft-, Thermaldampf- und Thermalbewegungsbad. Es handelt sich um ein Nacktbad, nach dessen Besuch Mark Twain einst sagte: „Hier vergessen Sie nach zehn Minuten die Zeit und nach 20 Minuten die Welt". *Tgl. 9–22 Uhr (Mo und Do nicht gemischt) | Eintritt 21 Euro*

STAATLICHE KUNSTHALLE

Sachlich-nüchterner neoklassizistischer Bau, in dem wechselnde Ausstellungen zeitgenössischer Kunst gezeigt werden. Im Anbau ist die private Kunstsammlung des Verlegers Frieder Burda zu sehen. *Di–So 11–18, Mi bis 20 Uhr | Eintritt 5 Euro | Führungen Mi 18 Uhr, 5 Euro | Lichtentaler Allee 8a und b*

ESSEN & TRINKEN

LE JARDIN DE FRANCE
Pavillonartiges Restaurant im einstigen „Goldenen Kreuz", beschwingte Atmosphäre und französische Küche (ein Michelin-Stern). *Mo und Di mittags geschl. | Lichtentalerstr. 13 | Tel. 07221/300 78 60 | €€€*

MOLKENKUR
Traditionswirtshaus, schon von Kaiserin Sissi besucht. Idyllisch am Stadtrand, ambitionierte Küche. Biergarten. *Quettigstr. 19 | Tel. 07221/332 57 | €€*

STAHLBAD
Spezialitätenrestaurant mit badisch-französischer Edelküche. Fischspezialitäten, hervorragende Weinkarte. *Mo geschl. | Augustaplatz 2 | Tel. 07221/245 69 | €€*

ZUM ALDE GOTT
Gastronomisch erste Adresse in der Stadt. Seit 25 Jahren mit einem Michelin-Stern ausgezeichnet. Etwas außerhalb inmitten der Weinberge im Ortsteil Neuweier gelegen. Badische Küche. *Do geschl. | Weinstr. 10 | Tel. 07223/55 13 | €€€*

EINKAUFEN
Ein Einkaufsbummel in der Fußgängerzone (Lange Str. und Gernsbacher Str.) kann teuer werden. Die Juweliere bieten Erlesenes. Die Kollektionen der Boutiquen sind ebenso elegant wie die Preise horrend. Ein Schaufensterbummel macht wegen der exklusiven Auslagen auf dem Weg durch die Arkadenallee vom Leopoldplatz zum Kurhaus besonders viel Spaß. Süßmäuler schauen unbedingt in der *Confiserie Rumpelmayer* in der Kaiserallee 1a *(Kurhaus Kolonaden)* vorbei, die berühmt ist für ihre Trüffel und Butterstreusel.

ÜBERNACHTEN

BRENNER'S PARK-HOTEL & SPA
Grandhotel mit zwei erstklassigen Restaurants, im Stil der Belle Epoque

MARCO POLO HIGHLIGHTS

★ **Caracalla-Therme**
In Baden-Baden sprudelt Heilwasser im Whirlpool (Seite 32)

★ **Casino**
Seite an Seite mit den Reichen und Schönen in Baden-Baden (Seite 32)

★ **Benediktinerkloster Hirsau**
Von hier aus wurde der Schwarzwald erschlossen (Seite 49)

★ **Bad Wildbad**
Feudal – thermal – international (Seite 47)

★ **Altensteig**
Die schönste Stadt des Nordschwarzwalds (Seite 43)

★ **Skiarena Schwarzwald-Hochstraße**
Langlauf und Rodeln auch unter Flutlicht (Seite 40)

elegant eingerichteten Zimmern und erstklassiger Spaabteilung. Spezielle Golfarrangements. *100 Zi. | Schillerstr. 4–6 | Tel. 07221/90 00 | Fax 387 72 | www.brenners.com* | €€€

FORELLENHOF

Hier entstand 1965 die gleichnamige Fernsehserie. Zuletzt drehte hier der Südwestrundfunk für seine Serie „Die Fallers". Direkt am Waldrand gelegen, guter Ausgangspunkt für Wanderungen (eigener Fahrradverleih). Restaurant mit heimischen Fischspezialitäten. *27 Zi. | Gaisbach 91 | Tel. 07221/97 40 | Fax 97 42 99 | www.forellenhof-baden-baden.de* | €€–€€€

LATERNE

300 Jahre altes Traditionshaus mit rustikalem Restaurant in einem malerischen Fachwerkbau in der Fußgängerzone. Haustiere erlaubt. *18 Zi. | Gernsbacherstr. 10–12 | Tel. 07221/299 99 oder 30 60 | Fax 383 08* | €€

Insider Tipp

ROMANTIKHOTEL DER KLEINE PRINZ

Das Haus ist nach Motiven des Buches „Der kleine Prinz" von Antoine de Saint-Exupéry dekoriert. *40 Zi. | Lichtentaler Str. 36 | Tel. 07221/34 66 00 | Fax 382 64 | www.derkleineprinz.de* | €€€

AM ABEND

FESTSPIELHAUS

Avantgardistische Architektur mit Anleihen bei der Belle Epoque kennzeichnen das mit 2500 Plätzen zweitgrößte Opern- und Konzerthaus Europas. *Führungen Mo–Fr 11, Sa und So 14 Uhr, (Eintritt 7 Euro) | Programminfos (auch Kartenbestellungen): Tel. 07221/301 31 01 und 301 32 11 | Beim Alten Bahnhof 2 | www.festspielhaus.de*

Insider Tipp

KELCH & CO

Diese Szenekneipe, von den Einheimischen nur „Elch" genannt, liegt direkt beim SWR-Funkhaus. Moderatoren hocken hier oft bis tief in die Nacht und räsonieren über ihre Versprecher. Gemütlicher Biergarten, Livemusik und erschwingliche Gerichte. *Mo–Fr 11–2, Sa/So bis 3 Uhr | Tel. 07221/39 28 26 | Fremersbergerstr. 75*

LEO'S

Cafébar, Musikpub in der Stadtmitte. Lebhafter Treffpunkt vor und nach dem Ausgehen, gut zum Leutebeobachten, kleine Karte. *Tgl. 8–2 Uhr | Luisenstr. 8–10 | Tel. 07221/380 81*

MAX

Baden-Badens beliebteste Disko. House-, Black- und Dancemusik. *Fr/Sa und vor Feiertagen 23–5 Uhr | Eintritt 6 Euro | Kaiserallee 3–4 | Tel. 07221/243 40*

MEDICI

Sushi um Mitternacht, exotische Cocktails, seltene Spirituosen, Zigarrenlounge, alles in exklusiver Umgebung, häufig Promigäste, bei entsprechend exklusiven Preisen. *Tgl. 18–1 Uhr | Augustaplatz 8 | Tel. 07221/20 06* | €€€

STADTTHEATER

Prunkvolles Haus am Goetheplatz, im Stil der Pariser Opéra Garnier um 1860 erbaut. Festes Ensemble und zeitgenössisches Programm. *Solmstr.*

1 | Tel. 07221/27 52 33 | www.theater-baden-baden.de

AUSKUNFT

BADEN-BADEN KUR UND TOURISMUS GMBH
Solmstr. 1 | Tel. 07221/27 52 00 | Fax 27 52 02 | www.baden-baden.de

ZIELE IN DER UMGEBUNG

ALTES SCHLOSS **[120 C3]**
Vom Kurgarten in Baden-Baden sieht man bereits oberhalb der Stadt am Berghang die Ruine der alten Burg Hohenbaden. Ein Fußweg führt hinauf. Der Schlossberg „Battertfelsen" ist mit bis zu 60 Meter hohen Felstürmen ein beliebtes Kletterparadies, auch mit Klettergarten für Anfänger. Vom Turm bietet sich ein prächtiger Rundblick auf die Stadt und die Rheinebene. Mit Restaurant *(Di–So 10–22 Uhr | Tel. 07221/ 269 48 | €). 3 km von Baden-Baden*

BAD HERRENALB **[121 D3]**
Das berühmte Heilbad (7500 Ew.) liegt klimatisch begünstigt und idyllisch im Schnittpunkt von sieben kleinen Tälern. Attraktionen sind das grandiose Thermalbadzentrum und das von herrschaftlichen Villen geprägte Jugendstilambiente der gesamten Stadt. Vom ehemaligen *Kloster Herrenalb* oberhalb der Stadt mit toller Aussicht sind Reste zu besichtigen.

Der Quellenerlebnispfad bis zur *Plotzsägemühle (3 km)* ist schon lange zum Klassiker unter den nahen Ausflugszielen geworden. Brechen Sie im Zentrum auf und folgen Sie der Beschilderung. Tauchen Sie in den Wald ein, folgen Sie dem Rauschen des Wassers über Märchenwiesen und vorbei an urzeitlichen Felsen bis zur Plotzsägemühle aus dem 13. Jh., die nach Absprache mit dem Wirt des benachbarten Ausflugsrestaurants *Plotzsägemühle (Fr geschl. | Tel. 07083/82 72 | €)* besichtigt werden kann.

Das *Siebentäler Mineralthermalbad (Mo–So 9–22 Uhr | Eintritt ab 6,50 Euro Schweizer Wiese 9)* bietet einmal im Monat Baden bei Vollmond oder klassischer Musik (bis 24 Uhr) und als exklusive Besonderheit jeden Abend ab 18 Uhr das so genannte Klangbaden mit Über- und Unterwassermusik. Insider Tipp

Belle Epoque + Avantgarde = Festspielhaus

BÜHLERHÖHE **[120 C4]**

Das idyllische *Schlosshotel Bühlerhöhe (90 Zi. | Tel. 07226/550 | Fax 557 77 | www.buehlerhoehe.de | €€€)* auf der waldigen Höhe über Baden-Badens Nachbarstadt Bühl ist die erste Adresse für die Reichen und Schönen. Auf dem hoch aufragenden Marienfelsen in unmittelbarer Nähe steht in eindrucksvoller Lage eine kleine Kapelle, beliebt als Hochzeitskirche. *14 km von Baden-Baden*

BÜHLERTAL **[120 B4]**

Von *Bühl,* der Zwetschgenstadt (29 500 Ew.), zieht sich das malerische Bühlertal mit seinen Obstplantagen und den Weinbergen südlich von Baden-Baden in langen Winkeln und Bögen bis weit hinauf zur Hornisgrinde, dem mit 1164 m höchsten Gipfel des Nordschwarzwalds.

Ein schönes Ausflugsziel sind die *Gestelbach-Wasserfälle* mit 70 Meter tiefen Kaskaden, die in einem Serpentinenrundweg (5 km) gut erschlossen sind. Einkehr lohnt dabei im *Waldgasthaus Kohlbergwiese (Mo geschl. | Tel. 07226/250 | €),* bei dem sich ein toller Kinderspielplatz befindet.

Das *Affental* im unteren Bühlertal mit dem gleichnamigen Weinort sollten Sie unbedingt wegen des „Affentaler Spätburgunders" besuchen. Die Flasche erkennen Sie an einem kupferfarbigen Affen, der auf dem Etikett klebt. *15 km von Baden-Baden*

Insider Tipp

DOBEL **[121 D3]**

Das abgelegene Dorf (2200 Ew.) auf der Hochfläche über Bad Herrenalb ist von malerischen Wäldern umgeben. Hier gibt es Naturerlebnisse und heilklimatisches Höhenklima ohne großes touristisches Spektakel. Immerhin gibt es eine Attraktion für Pferdenarren: In Dobel liegt das *Gestüt Dobel von Karcher (Schwabhauerstr. 43 | Tel. 07083/55 03),* das edle Springpferde wie den zweifachen Olympiasieger „Cento" hervorgebracht hat.

Insider Tipp

Prominentestes Haus am Platz ist das 500 Jahre alte *Hotel Rössle (20 Zi. | Johann-Peter-Hebel-Str. | Tel. 07083/925 30 | Fax 92 53 92 | www.roessle-dobel.de | €),* in dem 1799 der alemannische Dichter Johan Peter Hebel logierte. *29 km von Baden-Baden*

EBERSTEINBURG **[120 C3]**

Oberhalb der Ortschaft Ebersteinburg an der Nordseite des Berges Battert thront die gleichnamige Ruine. Vom gut erhaltenen, begehbaren Turm reicht der Blick weit ins Rheintal und über die Schwarzwaldhöhen. Bei der Burg (11. Jh.) lädt mit guter Hausmannskost die Vesperstube *Burgruine Alteberstein (sommers tgl. 11–22, sonst Sa/So 11–21 Uhr, Mitte Dez.–März geschl. | Tel. 07221/288 99 | €)* zur Einkehr. *7 km von Baden-Baden*

FORBACH **[120–121 C–D4]**

Idyllisch gelegener Ort (5300 Ew.) im Murgtal. Hier steht die größte freitragende Holzbrücke Europas. 40 m lang überspannt sie die Murg. Nördlich von Forbach ragen drei verwitterte Granitfelsen etwa 150 m hoch über dem Murgtal auf. Es sind die *Giersteine,* die im Dritten Reich als Völkisches Denkmal verherrlicht wurden. Hintergrund ist ihr angeb-

Wie die Könige: Im Schlosshotel Bühlerhöhe logierten schon viele Staatsmänner

lich germanischer Ursprung. *20 km von Baden-Baden*

GAGGENAU [120 C3]

Die Industriestadt (30 000 Ew.) bildet das Tor zum Murgtal. Prunkstück der Stadt ist das Thermalbad *Rotherma (Mo–Sa 9–22, So 9–20 Uhr | Eintritt 9,20 Euro | Badstr. 9)* mit uriger Felsensauna und einer Badelandschaft von über 5000 m^2. Im Ortsteil Michelbach stehen schöne Fachwerkhäuser. *14 km von Baden-Baden*

GERNSBACH [120 C3]

Einst war Gernsbach (14 600 Ew.) ein Zentrum der Schwarzwaldflößerei. Aus der Blütezeit sind gut erhalten die *Jakobskirche* (1467–71), *Liebfrauenkirche* (1380–90), das *Rathaus* (17. Jh.). Die „Perle des Murgtals“ beherbergt die einzige Papiermacherschule Deutschlands.

Oberhalb der Stadt lockt mit schöner Aussicht und erstklassiger Küche im Schloss Eberstein *Werners Restaurant (Sa mittags, Mo und Di geschl. | Tel. 07224/995 95 00 | €€€)* oder die *Schloss-Schänke (tgl. 12–22 Uhr | €€)*, in der „Deutschlands beste Weißwürste“ (Prämierung 2006) serviert werden. Auskunft: *Verkehrsamt Gernsbach (Tel. 07224/644 44). 12 km von Baden-Baden*

GEROLDSAUER WASSERFÄLLE [120 C4]

Das romantische Grobbachtal südlich von Baden-Baden führt ab Geroldsau nach stressfreiem halbstündigem Fußweg zu den Kaskaden der Geroldsauer Wasserfälle. Der Besuch lohnt vor allem im Frühjahr zur Schneeschmelze. 200 m oberhalb der Wasserfälle ist die Waldgaststätte *Bütthof (Mai–Sept. Di–So 10–22, Okt.–April Di–Fr 15–22, Sa/So 10–22 Uhr | Tel. 07221/737 47 | €)* ein beliebtes Ausflugsziel. *7 km von Baden-Baden*

MARXZELL [121 D2]

Diesen kleinen Ort (5400 Ew.), der versteckt in den nördlichsten Ausläufern des Schwarzwalds liegt, sollte man wegen seines *Fahrzeugmuseums (tgl. 14–17 Uhr | Eintritt 3 Euro)* besuchen. In einem alten Sägewerk in der Ortsmitte sind über 70 Autos und 200 Motorräder ausgestellt, außerdem Lokomotiven und Traktoren. *28 km von Baden-Baden*

MERKURBERGBAHN **[120 C3]**
Landschaftliches Wahrzeichen Baden-Badens ist der Hausberg Merkur (668 m). Vom Bahnhof Merkurwald führt eine der steilsten und modernsten Standseilbahnen Europas zur Gipfelstation *(März–Dez. tgl. 10–22 Uhr alle 15 Min. | Fahrpreis Berg- und Talfahrt 4 Euro)*. Auf dem Gipfel warten ein ✱ Aussichtsturm, ein Wildgehege und das Restaurant *Merkur-Stüble (April–Dez. tgl. 10–18 Uhr | Tel. 07221/316 40 | €)*.

SCHWARZENBACHSTAUSEE **[120 C4]**
In einem kleinen Hochtal südlich über dem Murgtal liegt die Schwarzenbachtalsperre (über eine schmale Autostraße von Forbach aus zu erreichen). Der See selbst ist 2,2 km lang und bietet rundum Bade- und Surfmöglichkeiten. Angelkarten gibt es in der *Kurverwaltung Forbach (Tel. 07228/390)*. Günstige Unterkunft: das *Schwarzenbach-Hotel (25 Zi., 4 Apt. | Tel. 07228/91 90 | www.Schwarzenbach-hotel.de | €€), direkt an der Talsperre, ideal für Biker. 25 km von Baden-Baden*

SEEBACH **[120 B5]**
In dem kleinen Ort (1500 Ew.) nahe Schliffkopf, Mummelsee und Hornisgrinde liegt das gut erhaltene Erzbergwerk *Silbergründle (Besichtigung nach Anmeldung | Tourist-Information Seebach | Tel. 07842/94 83 20)*. Daneben lohnt sich der Besuch des *Internationalen Trachten- und Volkskundemuseums (April–Okt. Di, Mi und So 14–17 Uhr | Eintritt 2,30 Euro)* und Vollmers Mühle im Ortsteil Grimmerswald *(Besichtigung Mai–Okt. | Eintritt frei)*. Zünftige Einkehr mit guter Bauernvesper und Schaubrennerei *(Mai–Okt. Mo 17.30 Uhr)* bietet am Talende in Hinterseebach der *Kernhof (Mi–Mo 10–24 Uhr | Tel. 07842/36 92 | €)*. In unmittelbarer Nähe liegt ✱ *Brennte*

Fahrzeugmuseum Marxzell

Schrofen, eine Aussichtskanzel mit unvergleichlichem Blick auf Ottenhöfen und die benachbarten Täler. *30 km von Baden-Baden*

BAIERSBRONN

[120–121 C–D6] **Die Stadt (16100 Ew.) im Herzen des Nordschwarzwalds besitzt auf den ersten Blick nicht das große Flair, doch die Kochtöpfe haben es in sich: Hier herrscht auf engem Raum die größte Michelin-Stern-Dichte Deutschlands.** Mit rund 800000 Übernachtungen jährlich ist Baiersbronn Spitzenreiter im Schwarzwälder Tourismus. Der Hauptort liegt nur 500 m hoch an der Kreuzung mehrerer prominenter Täler, die sich hinaufziehen zu den höchsten Erhebungen der Region, zu Schliffkopf, Hornisgrinde, Ruhestein und Kniebis. An den Hauptspazierwegen stehen insgesamt acht futuristische „Himmelsliegen": hölzerne, gewölbte Liegebänke, von denen man den Himmel über Baiersbronn genießen kann.

Insider Tipp

SEHENSWERTES

HAUFFS MÄRCHENMUSEUM

Klein und liebevoll eingerichtet, erinnert dieses Museum an den schwäbischen Märchendichter Wilhelm Hauff („Das kalte Herz", „Zwerg Nase"). Verfilmungen seiner Werke werden regelmäßig vorgeführt. *Mi, Sa, So 14–17 Uhr | Eintritt 1,50 Euro | im Oberdorf*

ESSEN & TRINKEN ÜBERNACHTEN

BAREISS

First-Class-Hotel im Ortsteil Mitteltal mit drei Michelin-Sternen und neun Pools, toller Kinderbetreuung und drei Restaurants, darunter die *Dorfstuben,* original aus dem 19. Jh. *99 Zi. | Gärtenbühlweg 14 | Tel. 07442/470 | www.bareiss.com* | €€€

FLÖSSERSCHENKE

Kleines, rustikales Lokal. Spezialitäten sind Salatteller, Schinkennudeln und Folienkartoffeln in vielen Varianten. Kleiner Biergarten. *Tgl. ab 16, im Sommer ab 11 Uhr | Sankenbachstr. 35 | Tel. 07442/76 49 | www.floesser-schaenke.de* | €

SACKMANN

Der dritte Sternekoch von Baiersbronn: Das moderne Haus aus den 1970er-Jahren bietet einen großen

>LOW BUDGET

> Das Projekt „Landerleben" in Freudenstadt *(Kontakt: Monika Krämer | Tel. 07441/920 19 05 | Fax 920 99 19 05 | kraemer@landkreis-freudenstadt.de)* bietet für Kinder Bauernhof, Tiere, Landabenteuer. Z. B. Frühstück auf dem Bauernhof für 1 Euro, kostenlose Naturschutzeinsätze am Kniebis, kostenlose Kräuterlehrkunde, Abenteuer im Maislabyrinth für 2 Euro und vieles mehr.

> Das historische Kino im Fahrzeugmuseum Marxzell zeigt stündlich historische Auto- und Rennsportfilme. Mit dem Museumseintritt (3 Euro) kann man sich einen kompletten Filmnachmittag machen.

> In der Mountainbike-Arena Murg *(Enzklösterle |Tel. 07085/75 16)* gibt es kostenlos für Wanderer und Mountainbiker GPS-Navigationsgeräte zum Ausprobieren.

Wellnessbereich mit Hallenbad, Dachterrasse und eine romantische Kaminbar. *51 Zi. | 7 Apt. | Murgtalstr. 602 | Tel. 07447/28 90 | Fax 28 94 00 | www.hotel-sackmann.de | Hotel €€, Restaurant €€€*

SCHLIFFKOPF **[120 B–C6]**
In einmaliger Gipfellage des Schliffkopfs, auf 1925 m Höhe, mitten im Naturschutzgebiet, liegt das mit fünf Wellness-Sternen ausgezeichnete Hotel. Ruhe, klare Luft und ein befreiender Panoramablick bis hin zur Rheinebene lohnen den Besuch des Hauses an der Schwarzwald-Hochstraße. *65 Zi. | Tel. 07449/92 00 | Fax 92 01 99 | www.schliffkopf.de | €€–€€€*

SEIDTENHOF
Preiswerte Bauernstube in historischem Ambiente, zwischen Tonbach und Klosterreichenbach, mit guten Kuchen und selbstgemachtem Eis. Für Kinder toll: frei zugänglicher Hof mit Ställen und Pferden, Kühen, Ziegen, Hasen und Katzen. *Mi. geschl. | Reichenbacher Weg 46 | Tel. 07442/12 08 95 | €*

TRAUBE TONBACH
Das Feinschmeckerlokal *Schwarzwaldstube* in der Traube ist dekoriert mit drei Michelin-Sternen. Rehparfait mit Gänseleber, Kartoffelravioli mit Steinpilzen gefüllt, gegrillter Hummer, Schokoblätterteigschnitten – alles kein Hexenwerk, man kann es nachlesen in den Kochbüchern, die Küchenchef Harald Wohlfahrt schreibt. Aber spätestens beim Nachkochen merkt man halt doch den Unterschied. Tischreservierung empfiehlt sich. *Mo und Di geschl. | 175 Zi. | Ortsteil Tonbach | Tonbachstr. 237 | Tel. 07442/49 20 | Fax 49 26 92 | www.traube-tonbach.de | €€€*

FREIZEIT & SPORT

SKIARENA SCHWARZWALD-HOCHSTRASSE ★ **[120 B–C 4–6]**
Die Höhen über Baiersbronn, von der Hornisgrinde bis zum Kniebis, sind durch ein weitläufiges Netz von Loipen und Skiliften erschlossen. Mit der Gründung des „Schneeschuhvereins" 1905 begann die Wintersporttradition in Baiersbronn. Inzwischen hat sich die ganze Skiarena Schwarzwald-Hochstraße zum zentralen Wintersportgebiet des Nordschwarzwalds entwickelt. Es ist besonders kinder- und familienfreundlich und spricht wegen der eher zahmen Abfahrten und oft auch kurzen Loipen vor allem die Genießer unter den Skisportlern an. Die 2,5 km lange *Buhlbachloipe* (im Ortsteil Buhlbach) ist bei Dunkelheit von Flutlicht beleuchtet. Drei Rodelbahnen, am Ruhestein

(300 m), in Tonbach (250 m) und am Kniebis (400 m mit Flutlicht), ermöglichen Wintervergnügen auch ohne Bretter.

AUSKUNFT

BAIERSBRONN TOURISTIK

Zweigstellen in fast allen Ortsteilen. *Rosenplatz 3 | Tel. 07442/841 40 | www.baiersbronn.de*

ZIELE IN DER UMGEBUNG

BUHLBACHSEE [120 C6]

An der Ostseite des Schliffkopfmassivs finden Sie diesen verträumten Eiszeitsee (Baden verboten). Er ist die Alternative zum Touristenrummel am Mummelsee *(vom Parkplatz Zuflucht-Lift in etwa 45 Gehminuten über einen steilen Weg zu erreichen). 20 km von Baiersbronn*

LIERBACH-WASSERFALL [120 B6]

In einem Seitental unterhalb der Schwarzwald-Hochstraße führt ein abenteuerlicher Kletterweg von der Streusiedlung Lierbach zum wildromantischen Lierbach-Wasserfall. Er ist über winklige Treppchen und Stege erschlossen und beginnt bei der Ruine des Klosters Allerheiligen (12. Jh.). *35 km von Baiersbronn*

LOTHAR-PFAD [120 B–C6]

Uriger Lehrpfad (1 km), der über Treppen, Stege und Leitern durch ein Waldstück führt, das nach dem Orkan Lothar 1999 nicht mehr aufgeräumt wurde. Info: *Naturschutzzentrum Ruhestein | Tel. 07449/910 20 | Führungen ab 10 Pers. 50 Euro, Sa/So 80 Euro | Am Schliffkopf an der B 500 | 36 km von Baiersbronn*

FREUDENSTADT

KARTE IN DER HINTEREN UMSCHLAGKLAPPE

[124 C1] Der größte Marktplatz Deutschlands liegt in Freudenstadt (24 000 Ew.). In

Gemütliches Schneetreiben in der familienfreundlichen Skiarena Schwarzwald-Hochstraße

einem der gemütlichen Straßencafés rundherum zu sitzen und dem Trubel zuzusehen ist schon ein Urlaubsvergnügen für sich. Die Stadt, etwas unwirtlich 700 bis 1000 m hoch gelegen, ist nach einem Brand zu Beginn des 17. Jhs. schachbrettartig angelegt worden. Der arkadenumrahmte Marktplatz mit seinem Brunnensee, in dem von Mai bis Oktober Wasserfontänen ihre Tänze aufführen, ist von diesem Konzept noch erhalten geblieben.

SEHENSWERTES

EXPERIMENTA

Ein Erlebnismuseum zum Anfassen. In Experimenten zum Ausprobieren und Mitmachen sind hier Phänomene des täglichen Lebens und der Natur anschaulich dargestellt. *Juni–Sept. und alle Schulferien Di–So 10–18 Uhr, sonst bis 17 Uhr | Mubacher-Str. 5 | Eintritt 4,50 Euro*

HEIMATMUSEUM

Im Stadthaus am oberen Ende des Marktplatzes sind etliche Etappen der Stadtgeschichte dargestellt. Ausführlich ist die Gründungszeit dokumentiert. *Mo/Fr 15–18, Di–Do 9–11 und 15–18 (Do bis 19.30), So 10–12 Uhr | Eintritt frei*

ESSEN & TRINKEN

HOTEL-RESTAURANT KRONE

Das Restaurant im gleichnamigen Hotel im etwas abgelegenen Ortsteil Igelsberg bietet ohne großes Getöse eine überdurchschnittliche heimatliche Küche. Das kleine, eingespielte Team bringt dabei auch mal überraschende Schätze wie etwa einen traditionellen Sauerbraten auf den Tisch. Nicht umsonst wird in den Hotelarrangements mit „Großmutters Küche" geworben: Das ist hier keine leere Phrase sondern Programm. *Mi–So 12–14 und 18–22 Uhr (Mitte Nov.–Mitte Dez. geschl.) | Hauptstr. 8 | Freudenstadt-Igelsberg | Tel. 07442/842 80 | www.krone-igelsberg.de | €€*

RATSKELLER

Gutbürgerliche Küche, große Auswahl an Fischspezialitäten, uriger Weingewölbekeller. *Tgl. 10–24 Uhr | Marktplatz 8 | Tel. 07441/95 28 05 |* €€

ZUM WARTECK

Hinter der unscheinbaren Fassade dieses kleinen Hotels *(13 Zi. | €€)* verbirgt sich auch ein tolles Restaurant *(Di geschl.)*. Der Chef kocht aus Überzeugung nur mit naturfrischen Produkten. Überdurchschnittliches Weinsortiment. *Stuttgarter Str. 14 | Tel. 07441/919 20 | www.warteck-freudenstadt.de |* €€€

EINKAUFEN

Der Wochenmarkt auf dem Marktplatz mit Lebensmitteln und Kunsthandwerk bietet *(Di/Fr 8–14 Uhr | im Winterhalbjahr nur Fr)* schöne Einkaufsmöglichkeiten. Verführerisch sind die hausgemachten Pralinen- und Kuchenspezialitäten der drei Freudenstädter Konditoreien *Café Bacher zum Falken (Lossburgerstr. 5), Café Müller (Martin-Luther-Str. 12–14)* und *Café Pause (Marktplatz 65)*.

ÜBERNACHTEN

KUR- UND SPORTHOTEL LAUTERBAD

Ambitioniertes Wellnesshotel im Grünen. Neben den Wohlfühl-Arrangements mit zahlreichen Varianten

In Alpirsbach werden außer Biergläsern auch mal die Fächer des Fachwerks schön gefüllt

von Saunen und Dampfbädern lohnen sich vor allem die Sportangebote, z. B. Adventure-Tag mit Klettern, Gleitschirm und Schneeschuhwandern im Winter. *37 Zi. | Amselweg 5 | Tel. 07441/86 01 70 | Fax 860 17 10 | www.lauterbad-wellnesshotel.de* | €€–€€€

SCHWANEN

Gut geführtes, sympathisches Familienhotel direkt beim Marktplatz. *17 Zi. | Forststr. 6 | Tel. 07441/915 50 | Fax 91 55 44 | www.schwanen-freudenstadt.de* | €€

WALDBLICK-KNIEBIS

Dieses Hotel liegt weitab der Stadt auf einer Waldlichtung mitten im Naturschutzgebiet und ist eine echte Alternative für Ruhesuchende. Das familiengeführte Haus glänzt durch die neue Wellnessabteilung. Empfehlenswertes Restaurant *(Di. geschl.)* und großer Garten. *33 Zi. | Eichelbachstr. 47 | Tel. 07442/83 40 | Fax 834 15 | www.waldblick-kniebis.de* | €€€

AUSKUNFT

INFO FREUDENSTADT

Marktplatz 64 | Tel. 07441/86 40 | www.freudenstadt.de

ZIELE IN DER UMGEBUNG

ALPIRSBACH [124 C3]

Nach Alpirsbach (6800 Ew.) kommt man wegen der guten Biere der Klosterbrauerei (im Brauereigasthof *Löwen-Post | Di geschl. | Marktplatz 12 | Tel. 07444/955 95* | €€ | gibt es Kochen mit Bier, Bierproben und ein Brauherrenmenü), wegen der alten Fachwerkhäuser im malerischen Ortskern und wegen der berühmten über 900 Jahre alten Alpirsbacher *Klosterkirche (Mitte März–Okt. Mo–Sa 10–17.30, So 11–17.30 Uhr | Führungen ab 11 Uhr stdl., Nov–Mitte März Do, Sa, So 13.30–15.30 Uhr | Eintritt 3 Euro).* Im spätgotischen Kreuzgang finden hochkarätige Konzerte statt. *18 km von Freudenstadt*

ALTENSTEIG ★ [121 E5]

Viele halten den kleinen Ort (11 200 Ew.) in den Hügeln über der Nagold für die schönste Stadt des Nordschwarzwalds. Sie klebt mit heimeligen Häuschen, die allesamt aussehen wie aus der Kollektion eines Modellbaukatalogs, rund um die *Alte Steige,* die der Stadt ihren Namen gab. Der Aufstieg über schmale Treppchen und Gassen wird belohnt mit dem *Alten Schloss (Mi 14–16, So 14–17 Uhr | Eintritt 1,50 Euro)*. An Sommerwochenenden bietet die Flößerzunft Oberes Nagoldtal Flößerführungen, bei denen Gäste selbst Hand anlegen dürfen *(Anmeldung: Verkehrsamt Altensteig | Tel. 07453/ 94 61 47)*, im Sept. das traditionelle Flößerfest. Einen Eindruck vom Inneren der vielen historischen Fachwerkhäuser bekommen Sie im *Gasthaus Bäck-Schwarz (Di–Fr ab 16 Uhr | Paulusstr. 19 | €). 22 km von Freudenstadt*

BAD RIPPOLDSAU-SCHAPBACH [124 B1–2]

Im Wolfachtal liegt das höchstgelegene Mineral- und Moorbad des Schwarzwalds (2300 Ew.) mit dem bekannten Mineralwasser – ein idealer Ruhepol mit schönen Wanderzielen: Bis Wolfach führt der 25 km lange *Flößerweg,* der an verschiedenen Stationen die Geschichte der Flößerei nacherzählt; die *Burgbacher Wasserfälle,* als Naturdenkmal geschützt, stürzen im Winter tosend herab, im Sommer aber trocknen sie fast aus. Etwa 1 km davon entfernt liegt das Ausflugslokal *Zum letzten G'Stehr (Di geschl. | Wolftalstr. 17 | Tel. 07440/714 | €–€€),* früher eine Flößerwirtschaft. Ab Schapach das Wolfachtal abwärts lohnt es sich, Ausschau nach Obstbrennern mit Hausverkauf zu halten. *15–18 km von Freudenstadt*

Insider Tipp

HALLWANGEN [125 D1]

Beim zu Unrecht wenig bekannten *Dornstetten* (8100 Ew.) mit seinen vielen familienfreundlichen Angeboten, erreichen Sie nach kurzer Fahrt, vorbei am Aussichtsturm *Kö-*

Hanglage und Historie: Altensteig

nigskanzel den Ortsteil Hallwangen mit dem sehenswerten Schaubergwerk *Himmlisches Heer (Mai–Okt. 1. und 3. So im Monat 14–18 Uhr, | gutes Schuhwerk erforderlich | Eintritt 3 Euro). 9 km von Freudenstadt*

NAGOLD-TALSPERRE ▶▶ [121 D6]
Bade-, Surfer- und Segelparadies, gleichzeitig mit einem asphaltierten Rundweg von 6,3 km Länge auch Geheimtipp der Inlinerszene. Baden ist nur in der Vorsperre erlaubt, Segeln und Surfen von April–Sept. in der Hauptsperre, viele öffentliche Grill- und Feuerstellen. Schönster und originellster Platz zur Einkehr ist im kleinen Ort Seewald-Erzgrube das Gasthaus *Seeheiner (7 Zi. | Nov. geschl., Dez.–April Mo und Di, Mai Mo geschl. | Tel. 07448/927 70 | €–€€)* mit Biergarten direkt am See. Hier gibt es viel Hausgemachtes, Bauernbrot, Blut- und Leberwurst, saure Kutteln und Flammkuchen sowie die Attraktion Drehterasse, eine runde Scheibe aus Holz mit etwa 85 Sitzplätzen, die sich alle Viertelstunde dreht und so jedem Gast wechselnde Ausblicke ermöglicht.

Insider Tipp

PFORZHEIM

[121 F2] **Die Goldstadt (120 000 Ew.) ist traditionell das Eingangstor in den Nordschwarzwald. Deshalb haben die Römer den Ort Portus getauft.** Pforzheim ist das berühmte Zentrum der deutschen Schmuck- und Uhrenindustrie.

SEHENSWERTES

Insider Tipp

BAHNHOF WEISSENSTEIN
In diesem alten Bahnhof befinden sich eine Schauanlage und Objekte zur Eisenbahngeschichte im Pforzheimer Raum. *Jeden 1. So im Monat 10–17 Uhr, sonst nur auf Anfrage | Eintritt frei | Belremstr. 70 | Tel. 07231/76 79 69*

DDR-MUSEUM
Hier können Besucher Alltagsobjekte und Gebrauchsgegenstände aus 40 Jahren DDR von Trabbi bis Plaste ansehen. *Hagenschießstr. 9 | So 11–15 Uhr und nach Vereinbarung | Tel. 07231/621 91 | Eintritt frei*

ENZAUENPARK
Das 38 ha große, ganzjährig geöffnete Gelände der ehemaligen Landesgartenschau bietet viele Freizeit und Erholungseinrichtungen, z. B. einen Wasserspielplatz für Kinder. Links und rechts der renaturierten Enz laden schöne Biergärten zum Entspannen ein. Auf der Open-Air-Bühne finden regelmäßig Konzerte statt.

REUCHLINHAUS
1961 als Kulturzentrum entworfen, vereinigt dieser Museumsbau, inspiriert von Le Corbusier und Mies van der Rohe, Elemente des internationalen Stils.

Vom Foyer mit der frei schwingenden Treppe aus erreichen Sie die verschiedenen Pavillons. Sie beherbergen abgesehen vom Schmuckmuseum Pforzheim auch eine Kunstbibliothek, einige Ausstellungshallen sowie die Reuchlin-Forschungsstelle, die sich dem Werk des Humanisten Johannes Reuchlin (1455–1522) widmet, dem bedeutendsten Sohn der Stadt. *Di–So 10–17 Uhr | Eintritt frei | Jahnstr. 42*

SCHMUCKWELTEN
Europaweit einzigartiges Einkaufs- und Erlebniszentrum für Schmuck und Uhren, auf 4000 m² untergebracht im Industriehaus, einem modernen Gebäudekomplex im Zentrum. *Mo–Sa 10–19, So 11–18 Uhr | Eintritt 6,50 Euro | Westliche-Karl-Friedrich-Straße 68*

ESSEN & TRINKEN

ENCHILADA
Cocktailbar mit mexikanischen Spezialitäten zu erträglichen Preisen. *Tgl. ab 18 Uhr | Schlossberg 20 | Tel. 07231/424 73 47 | €–€€*

ENZAUEN-BIERGARTEN
Für viele der schönste Platz in Pforzheim. Das Ausflugslokal im Enzauenpark bietet typische Kneipenküche und macht Lust auf Weizenbier im Freien. Kinder haben hier viel Auslauf. *Nur bei schönem Wetter tgl. 10–20 Uhr | Tel. 07231/56 51 97 | €*

PYRAMIDE
Feinschmeckerführer nennen das solide Abendrestaurant (ab 18 Uhr) ein „Wohnzimmerlokal". Spezialität sind Fischgerichte und Asiatisches. *Mo und Di geschl. | Dietlingerstr. 25 | Tel. 07231/44 17 54 | €€€*

SEEHAUS
Beliebte Waldgaststätte im Staatsforst Hagenschieß im spätbarocken Jagdpavillon der badischen Markgrafen. Großer Biergarten *(Biergarten Mai–Okt. tgl. 10–22 Uhr | Restaurant ganzjährig Di–So 11.30–23 Uhr | Ortsteil Buckenberg | Tiefenbronner Str. 201 | Tel. 07231/65 11 85 | €€).*

TROC
Gepflegtes Abendlokal mit Pianobaratmosphäre, Künstlerkneipe. *So–Do 9–1, Fr/Sa 9–3 Uhr | Westliche Karl-Friedrich-Str. 28 | Tel. 07231/ 10 28 76 | €€*

ÜBERNACHTEN

HASENMAYER
Solides und im Service zuverlässiges Mittelklassehotel. Restaurant. *45 Zi. | Heinrich-Wieland-Allee 105 | Tel. 07231/31 10 | Fax 31 13 45 | www.hotel-hasenmayer.de | €€*

PARKHOTEL
Das zentral gelegene Haus mit luftiger, moderner Architektur bietet

Eine wahre „Schatzinsel": Pforzheims Schmuckwelten bieten edle Geschmeide auf 4000 m²

komfortable Ausstattung und ein überdurchschnittliches Restaurant. Suchen Sie sich einen Platz im Wintergarten. *208 Zi. | Deimlingstr. 32–36 | Tel. 07231/16 10 | Fax 16 16 90 | www.parkhotel-pforzheim.de | €€€*

AUSKUNFT

TOURIST-INFORMATION PFORZHEIM

Marktplatz 1 | Tel. 07231/194 33 | www.pforzheim.de

ZIELE IN DER UMGEBUNG

BAD LIEBENZELL **[121 F3]**

Der berühmte heilklimatische Kurort (9500 Ew.) liegt malerisch an den bewaldeten Hängen des Nagoldtals. Seine kohlensäure- und salzhaltigen Heilwasser sind schon seit dem 16 Jh. als Medizin gegen Rheuma und Erschöpfung bekannt. Fachmännisch verabreicht bekommen Sie sie im *Paracelsus-Bad (April–Okt. tgl. 8–21, Nov.–März ab 8.30, So und feiertags bis 20 Uhr | Reuchlinweg 1 | Eintritt 7,50 Euro).*

Die größte Sehenswürdigkeit der Stadt ist die im 13. Jh. erbaute *Burg Liebenzell,* heute eine Bildungsstätte. Einkehren können Sie im Caférestaurant mit Terrasse *(Mo und Di geschl. | €–€€).* Der 34 m hohe Bergfried ist frei zugänglich und bietet einen Ausblick auf das Nagoldtal.

Zum Essen fahren Sie am besten in den Ortsteil Zainen ins *Gasthaus Lamm (Mo und Di geschl. | Calmbacherstr. 23 | Tel. 07084/48 33 | €€). 21 km von Pforzheim*

BAD TEINACH-ZAVELSTEIN **[121 F4]**

Fast der komplette Kurort (3000 Ew.) steht unter Denkmalschutz. Das mittelalterliche Städtchen (autofreies Kurzentrum, schöner Park mit Wasserfällen, romantische Burgruine) bietet eine historische Rarität: Die *Kabbalistische Lehrtafel* von 1673, eine aufklappbare Bildtafel mit symbolhaften naturwissenschaftlichen Erläuterungen. Sie wird in der *Dreifaltigkeitskirche (Führungen April–Okt. Do 15 Uhr)* aufbewahrt. Bestes Haus mit Trink- und Badekuren ist das *Bad Hotel (53 Zi. | Otto-Neidhart-Allee 5 | Tel. 07053/290 | Fax 291 77 | www.bad-hotel.de | €€€).*

Im Ortsteil *Zavelstein,* der eng gedrängt auf einem Bergrücken mit einer romantischen Burgruine liegt, blüht im Frühjahr der nördlich der Alpen äußerst seltene *crocus napolitanus. 34 km von Pforzheim*

BAD WILDBAD ★ **[121 E3–4]**

Tief versteckt im Enztal ruht, zufrieden mit sich selbst und scheinbar unberührt vom Trubel der Welt, das vielleicht berühmteste internationale Kurbad (11 000 Ew.) des Schwarzwalds. Besonders empfehlenswert ist das orientalisch angehauchte *Palais Thermal (Mo–Fr 12–22, Sa/So 10–22 Uhr | Eintritt ab 13.50 Euro, kein Zutritt für Kinder unter 12).* Bad

Wildbad strahlt Flair und kulturelle Weltläufigkeit aus (Rossini-Konzerte), hat aber mit einem neuen Mountainbike-Park auch ein Auge auf eher jüngeres Publikum geworfen. Der *Bären (44 Zi. | am Kurplatz 4–6 | Tel. 07081/30 10 | Fax 30 11 66 | www.hotelbaeren-badwildbad.de | €€)* in der Ortsmitte ist etwas Besonderes: Hier hat Gioacchino Rossini 1856 sein Quartier aufgeschlagen. *24 km von Pforzheim*

ENZKLÖSTERLE **[121 D4]**
Dieser kleine Ort (1300 Ew.) am Ende des Enztals bietet Schwarzwald pur. Attraktion des Ortes ist die ganzjährig geöffnete *Krippenausstellung (Mo–Fr 9.30–17.30, Sa/So 9.30–16 Uhr | Hirschtalstr. 30 | Eintritt 3 Euro)* mit der weltweit größten handgeschnitzten Weihnachtskrippe. In der Ortsmitte finden Sie Deutschlands einzigen *Adventure-Golfpark,* bei dem Minigolfbälle u. a. über Felsen, Wasser und Mauern gespielt werden müssen *(Mitte April–Mitte Okt. Di–So 10–20, sonst bis 18 Uhr | Eintritt 4 Euro).*

Im nahen Poppeltal locken eine spektakuläre Sommerrodelbahn *(April–Okt. tgl. 10–20 Uhr | Eintritt 3 Euro)* und der *Flößersee* mit *Freilichtmuseum (Eintritt frei)* und Ausflugslokal *Poppel-Mühle (Mai–Okt. So und feiertags 11–19 Uhr | www.* Insider Tipp

> BLOGS & PODCASTS
Gute Tagebücher und Files im Internet

> *www.bloggerei.de* – Das Bloggerforum bietet einen Blog „Urlaub im Schwarzwald" mit lauter Infos und Kommentaren zu Events, Destinationen und einzelnen Beherbergungsbetrieben.

> *www.badische-zeitung.de* – Unter den Blogs der Badischen Zeitung gibt der Mundartblog „Jung, ledig, alemannisch" der Mundartautorin Ulrike Derndinger tolle Einblicke in alemannische Denk- und Lebensweisen.

> *www.urlaub-bauernhof.blogspot.com* – Hier werden Diskussionen und Infos über Schwarzwaldbauern, Urlaubsmöglichkeiten auf Bauernhöfen, Hofläden und vieles mehr geboten.

> *www.podster.de* – Podcast-Angebot des Rundfunksenders SWR2. Es beantwortet solche Fragen wie: Warum heißt der Schwarzwald eigentlich Schwarzwald? Stimmt es, dass es im Nordschwarzwald soviel regnet wie am Amazonas? Welche Folgen hatte der Sturm Lothar für den Schwarzwald? Warum ist Totholz alles andere als tot?

> *www.fudder.de* ▶▶ – Die furiose Nabelschau der südbadischen Trend- und Jugendszene wurde schon mit dem Grimme-Preis für Szene-Blogs und Podcasts ausgezeichnet.

> *www.blackforestlatenight.de* – Zugleich Blog und Podcast mit Themen rund um den Schwarzwald, spielerisch und augenzwinkernd, eher auf das jugendliche Publikum zugeschnitten.

Für den Inhalt der Blogs & Podcasts übernimmt die MARCO POLO Redaktion keine Verantwortung.

poppelmuehle.de | €). 35–40 km von Pforzheim

HIRSAU [121 F4]

Das berühmte ★ *Benediktinerkloster Hirsau* zählt zu den bedeutendsten Abteien Mitteleuropas. Von hier

Kreuzgang der Marienkapelle des Benediktinerklosters Hirsau

aus wurde der Nordschwarzwald erschlossen. Man quartiert sich am besten ein im *Hotel Kloster Hirsau (40 Zi. | Wildbaderstr. 2 | Tel. 07051/ 967 40 | www.hotel-kloster-hirsau.de | €€€). 26 km von Pforzheim*

ROTFELDEN [121 F5]

Im Ortsteil von Ebhausen (4800 Ew.) liegt die einzige Kamelfarm im Schwarzwald mit über 70 Kamelen, Dromedaren, Trampeltieren und Lamas. *(Mi–So 13–17 Uhr | Eintritt 5 Euro | geführte Ausritte 25 Euro nach Terminvereinbarung | Tel. 07054/ 81 25). 40 km von Pforzheim*

TIEFENBRONN [121 F3]

Der Ort (5500 Ew.) ist wegen des geschnitzten *Tiefenbronner Altars* (Magdalenenaltar) aus dem 16. Jh. in der Pfarrkirche *St. Maria Magdalena (Mai–Okt. Di–So 13.30–16.30, Nov.– April Sa/So 14–15.30 Uhr)* ein lohnendes Ziel. Außerdem locken zwei überdurchschnittliche Restaurants: die *Bauernstuben* im Hotel *Ochsen-Post (Di geschl. | Franz-Josef-Gall-Str. 13 | Tel. 07234/954 50 | €€)* und die *Häckermühle (Mo geschl. | Im Würmtal 5 | Tel. 07234/42 46 | €€€)* mit Fischspezialitäten. *15 km von Pforzheim*

> SILBERERZ UND SILVER STAR

Zwischen Offenburg und Villingen locken altes Handwerk und neue Abenteuer

> Das landschaftliche Highlight dieser Region ist Triberg mit seinen Wasserfällen, der touristische Magnet jedoch heißt Europapark Rust. Von einem zum anderen kommt man – Muße vorausgesetzt – mit der alten Schwarzwaldbahn von Villingen nach Offenburg.

In Rust heißt es Umsteigen Richtung Zukunft, nämlich in den Silver Star. Das ist die größte Achterbahn Europas, mit der man technologisch nahtlos an die Meisterleistungen der alten Schwarzwaldbahningenieure angeknüpft hat.

Einen Höhenrausch bekommt man im mittleren Schwarzwald sonst nur schwer. Die höchste Erhebung, der Brandenkopf (934 m) bei Oberharmersbach, schafft es nicht einmal in den Kreis der Tausender. Dafür finden Sie hier Spuren von Tüftlern und Handwerkern: Bahn- und Bergbauingenieure, Uhrmacher, Flößer, Glasbläser, Holzschnitzer, Bollenhut-

Bild: Der Marktplatz von Gengenbach

MITTLERER SCHWARZWALD

erfinder waren hier kreativ. Vielleicht ist man deshalb in dieser Schwarzwaldregion besonders nostalgisch. Hier hegt und pflegt man die Erinnerung an alte Bräuche und Trachten; die Zahl der Heimatmuseen wird nur übertroffen von jener der Trachtenvereine. Die Rückbesinnung auf die handwerklichen und bautechnischen Leistungen der Vorväter schlägt sich nieder in aufwendigen Freiluftmuseen, in Besucherbergwerken, in touristischen Glashütten und im Uhrmacherkult rund um Triberg und Schonach. Mit Enthusiasmus feiern die Menschen hier die traditionelle alemannische Fasnet.

Während der Westen des mittleren Schwarzwalds auch meteorologisch eher mit dem sonnigen Rheintal flirtet, hat es der Osten schwerer: Er ist kalt und rau. Der nordische Skisport ist hier zu Hause. Ehemalige Bauerndörfer wie Schonach, Schönwald oder Rohardsberg verdanken ihm ihren internationalen Klang.

HASLACH

[124 A3] **Der kleine Ort (7000 Ew.) am markanten Knick des Kinzigtals war von 1200 bis 1700 das Zentrum des Schwarzwälder Silberbergbaus. Stattliche Fachwerkhäuser zeugen von einstigem Bürgerstolz und Reichtum.** Von der bemalten Fassade des über 400 Jahre alten Rathauses blickt der berühmteste und in Haslach allgegenwärtige Sohn der Stadt herab, der Pfarrer und Volksschriftsteller Heinrich Hansjakob (1837–1916).

Anziehungspunkt: Trachtenumzug in Gutach

SEHENSWERTES

HANSJAKOB-MUSEUM

Dokumente, Schriften, Devotionalien rund um den Meister. Das Museum befindet sich am Stadtrand, im Freihof, dem Altersruhesitz des Volksschriftstellers. *Mi 10–12 und 15–17, Fr 15–17, April–Okt. auch So 10–17 Uhr | Eintritt 2 Euro | Hansjakobstr. 17*

TRACHTENMUSEUM ★

In einem restaurierten ehemaligen Kapuzinerkloster (1630) vor den Stadtmauern befindet sich eine große und sachkundig angelegte Sammlung Schwarzwälder Originaltrachten. Die prachtvollen Hochzeitstrachten aus dem Kinzigtal sind ein spezieller Blickfang. *April–Mitte Okt. Di–Sa 9–17, So 10–17, Mitte Okt.–März Di–Fr 9–12 und 13–17 Uhr | Eintritt 2 Euro | Klosterstr. 1*

ESSEN & TRINKEN

BLUME Insider Tipp

Die Blume bietet gute heimische Gastronomie in unaffektiertem Ambiente. Spezialität sind hausgemachte Spätzle und frische badische Küche. Zum Gasthaus gehören eine Gartenwirtschaft und ein kleines Tiergehege. Von hier starten viele attraktive Mountainbike-Routen. *Ortsteil Schnellingen | Schnellingerstr. 56 | Tel. 07832/912 50 | €€*

KÜFERSTÜBLE SCHWARZ

Der gutbürgerliche Familienbetrieb mit vier Ferienwohnungen *(€)* wird von Einheimischen wegen der knusprigen Brathähnchen und dem selbst gemachten Apfelmost geliebt. In der Weinhandlung mit eigener

Schnapsbrennerei werden Früchte aus der Region verarbeitet. *Di geschl. | Steinacher Str. 9 | Tel. 07832/26 51 | €*

AUSKUNFT

TOURIST INFORMATION HASLACH

Im Alten Kapuzinerkloster | Tel. 07832/70 61 70 | www.haslach.de

ZIELE IN DER UMGEBUNG

BAD PETERSTAL, BAD GRIESBACH

Bad Peterstal [124 A2] mit 2800 Einwohnern ist der Jungbrunnen des Schwarzwalds. Hier, ebenso wie im benachbarten und inzwischen eingemeindeten Bad Griesbach [124 B1], nutzen Mineralwasserhersteller die unterirdischen Kohlensäurequellen. Die kleine Doppelgemeinde im oberen Renchtal profitiert auch von ihrer Nähe zur Skiarena Schwarzwald-Hochstraße und ist ein guter Ausgangspunkt für Wintersportaktivitäten.

Wichtigster Festtag im Jahr ist das Patronatsfest Peter und Paul im Juni/Juli, bei dem die Bewohner in Trachten ausgehen. Im August findet

Insider Tipp

beim „Suppegassefeschd" ein großer Zapfenstreich der historischen Feuerwehren statt. Mehr als nur einen flüchtigen Blick lohnt das private *Taglöhner- und Brennerei-Museum (Fr ab 15.30 Uhr | Eintritt 4 Euro | Am Ackerköpfle 1 | beim Bahnhof Bad Griesbach),* weil man dort die älteste Brennereianlage (17. Jh.) des Renchtals besichtigen kann und – inklusive Schnapsprobe – durch eine ganz neue Brennerei geführt wird. Neu ist direkt am Ortseingang das *Moped- und Rollermuseum (April–Okt. So 11–17 Uhr, sonst nach Vereinbarung | Tel. 07806/14 81 | Eintritt 2 Euro | Renchtalstr. 49),* das in einer alten Sägewerkshalle über 90 Mopeds, Motorroller und Fahrräder aus der Wirtschaftswunderzeit zeigt. *29 km von Haslach*

GUTACH

Schon die Fahrt durch das Kinzig- und das Gutachtal mit den vielen schönen Schwarzwaldhöfen links und rechts an den Hängen stimmt ein auf das, was die Besucher im ★ *Freilichtmuseum Vogtsbauernhof* [124 A3] *(Mitte März–Nov. tgl. 9–18, Juli und Aug. bis 19 Uhr, | Eintritt*

MARCO POLO HIGHLIGHTS

★ **Europapark Rust**
Der größte Freizeitpark Deutschlands (Seite 63)

★ **Trachtenmuseum**
Schwarzwald-Couture vom Strohschuh bis zum Bollenhut in Haslach (Seite 52)

★ **Triberger Wasserfälle**
163 m Absturz in die Tiefe (Seite 66)

★ **Altstadt von Schiltach**
Fachwerkromantik und Fernsehkulisse (Seite 56)

★ **Dorotheenhütte**
Glasbläser zeigen in Wolfach ihr Können (Seite 57)

★ **Freilichtmuseum Vogtsbauernhof**
Fünf Jahrhunderte auf einem Fleck (Seite 53)

6 Euro | www.vogtsbauernhof.org) von Gutach **[124 A4]** (2200 Ew.) erwartet.

Zum original Vogtsbauernhof sind in den letzten 40 Jahren zahlreiche weitere Original-Schwarzwaldhöfe aus anderen Regionen dazugekommen, entweder nachgebaut oder wieder aufgebaut. Jetzt stehen sie, jeweils mit allen Nebengebäuden, von der Hofkapelle über die Scheune, die Backstube, den Hühnerstall bis hin zum Leibgeding, dem Altersruhesitz des Altbauern, auf engstem Raum zusammen. Einmal im Monat bereiten die Landfrauen traditionelle Speisen zu, jeden zweiten Samstag im Monat ist Handwerkertag mit Töpfern, Drechslern, Strohflechtern, Schindelmachern, Seilern, Spinnerinnen, Schäppelmacherinnen und einer Bollenhutmacherin.

Zum Vogtsbauernhof gehört der *Museumsgasthof (Mitte März–Nov. tgl. 9–19 Uhr | €)*. Er ist oft überlaufen. Eine etwas ruhigere und sehr solide, bodenständige Einkehr garantieren im Ort der *Hirsch (Fr geschl. | hinter der Tankstelle | Tel. 07831/228 oder 75 74 | €€)*, in dem nur Fleisch aus der Region serviert wird, sowie talaufwärts Richtung Hornberg der *Engel (Di geschl. | direkt an der B 33 | Tel. 07833/357 | €€)*, der mit sehr gekonnten regionalen Angeboten (im Herbst Wild) aufwartet. Ferien auf dem Bauernhof im malerischen *Peterhof (Im Steinenbach 4 | Tel. 07833/ 310 | €)* lohnen auch wegen der Hausschlachtung und dem Brot- und Schnapsverkauf. *12 km von Haslach*

Zusammen mit Gutach müssen in einem Atemzug *Reichenbach* **[124 B4]** und *Kirnbach* **[124 B4]** in zwei nahe gelegenen *(13 bzw. 8 km von Gutach)* Seitentälern genannt werden, denn diese drei Gemeinden sind die Heimat des Bollenhuts.

Im Freilichtmuseum Vogtsbauernhof in Gutach werden Original-Schwarzwaldhöfe gesammelt

HAUSACH **[124 A3]**

Hausach (5800 Ew.) hat den Beinamen „Unter der Burg“. Das geht zurück auf die *Burg Husen,* deren Ruine auf einem vorspringenden Bergrücken heute noch über dem Ort thront. Der Turm ist frei zugänglich. Zu den ältesten Gebäuden der Stadt gehört die *Friedhofskirche,* die erstmals 1148 erwähnt wurde.

Die neue Attraktion des Ortes ist Insider Tipp Europas größte Modelleisenbahn in einer 1300 m² großen Halle direkt gegenüber dem Bahnhof. Originalgetreu sind die Bahnhöfe Hausach, Hornberg und Triberg nachgebaut. Allein der Bahnhof Hausach nimmt eine Länge von 14 m ein *(Di–So 10–18 Uhr | Eintritt 4 Euro).*

Im Stadtteil Dorf bietet das neue Freilichtmuseum „Erzpoche“ (jederzeit geöffnet, Eintritt frei) einen Einblick in die Mühsal des Bergbaus im Schwarzwald. Angeschlossen ist ein 10 km langer Bergbaupfad. Lohnend ist die Einkehr im entlegenen *Höhengasthof Käppelehof (Feb. Mo und Di geschl. | Osterbach 7 | im Ortsteil Einbach | Tel. 07831/459 und 964 73 | €).* Dort wird Insider Tipp heimischer Most aus dem Krug serviert, eine Rarität, die besonders gut zur legendären „Käppeleplatte“ schmeckt, Schlachtplatte mit Blut-, Leber- und Bratwurst aus eigener Schlachtung. Zur Wirtschaft gehört ein großer Biergarten. *6 km von Haslach*

HOFSTETTEN **[123 F4]**

Einen Abstecher nach Hofstetten (1700 Ew.) im Kinzigtal sollten Sie wegen des urigen 500 Jahre alten Gasthauses *Drei Schneeballen (Mo-Nachmittag und Di geschl. | Tel. 07832/28 15 | €€)* und seiner Forellenspezialitäten machen. *9 km von Haslach*

OBERHARMERSBACH **[124 A2]**

Die Attraktion des Ortes (2600 Ew.) ist der höchste Berg des mittleren Schwarzwalds, der Brandenkopf (934 m), auf dessen Gipfel ein steinerner Aussichtsturm zum Blick bis über die Rheinebene und zu den Vogesen einlädt. Wer zu Fuß aufgestiegen ist, findet Erholung in der *Berggaststätte Brandenkopf (Di–So bis 18 Uhr, | Tel. 07831/61 49 | €)* direkt auf dem Gipfel. *17 km von Haslach*

OBERWOLFACH **[124 B3]**

Landesweit einmalig in Oberwolfach (2700 Ew.) ist die *Mineraliengrube Clara,* die an die örtliche Bergbautradition erinnert, und als letztes Bergwerk des Schwarzwalds noch in Betrieb ist. Touristen (nur Erwachsene) dürfen aus dem Abraum, der in Wolfach gelagert wird, gegen Gebühr *(8 Euro)* Mineralien sammeln. Insider Tipp Im *Mineralienmuseum (Nov. geschl., Mai–Okt. tgl. 11–17, Dez.–April tgl. 14–17 Uhr | Eintritt 3,50 Euro)* werden die besten Stücke gezeigt. *16 km von Haslach*

SCHENKENZELL **[124 C3]**

Ein Netz von Wanderwegen erschließt das liebliche Tal von Schenkenzell (1800 Ew.), beliebt sind Radtouren zum nahen Stausee *Kleine Kinzig.* Am 7 km langen *Bergbaulehrpfad* sind am Wegesrand für geübte Sammler noch immer Mineralien zu finden. Architektonische Wahrzeichen sind die barocke *Klos-*

terkirche Wittichen, etwa 5 km von Schenkenzell entfernt, und die *Burgruine Schenkenburg,* 1534 niedergebrannt und seither nur noch von einem imposanten Bergfried vertreten. *29 km von Haslach*

SCHILTACH **[124 B3]**

Schiltach (4000 Ew.) mit ihrer denkmalgeschützten ★ Altstadt gilt als Stadt des Fachwerks, der Flößer und der Gerber. Hier steht ein Fachwerkhaus am anderen, unter anderem die letzte Gerberei des Schwarzwaldes, und mitten drin das über 400 Jahre

Wer sich traut, darf in der Dorotheenhütte Wolfach sein eigenes Glas blasen

alte Rathaus. In der Silvesternacht ist das Dorfzentrum besonders eindrucksvoll, wenn die komplette Insider Tipp Innenstadt nur mit Fackeln beleuchtet wird.

Die Museen von Schiltach sind einmalig, jedes auf seine Art. Das *Apothekermuseum (Di–So, April und Mai 14.30–16.30, Juni–Okt. 10.30–12 und 14.30–16.30 Uhr | Eintritt 1,50 Euro | am Marktplatz 5)* wurde in der ehemaligen Stadtapotheke eingerichtet. Original erhalten sind die biedermeierliche Wurzelholzausstattung und der Apothekerkeller mit Laboratorium und Destillationsanlage.

Im *Wasserbad Design-Museum* der Firma Hans Grohe *(Mo–Fr. 7.30–19, Sa 8–18 und So 11–17 Uhr | Eintritt frei | Auestr. 9, | direkt beim Stammwerk)* verbirgt sich eine 150-jährige Kulturgeschichte des Badens, und Sie bekommen einen Überblick über die Geschichte des Sanitärhandwerks. Das *Museum am Markt (April–Okt. tgl. 11–17, 4. Advent–6. Jan. 14–16 Uhr | Marktplatz 13 | Eintritt frei)* ist ein Stadtmuseum in einem dreistöckigen Schiltacher Altbürgerhaus. Hier gibt es eine Film- und Hörspielvorführung zum historischen Stadtbrand und zur Hexenverbrennung. Das *Schüttesägemuseum (April–Okt. tgl. 11–17 Uhr | Maschinenvorführung freitags um 15 Uhr | Eintritt frei | Hauptstr. 1)* präsentiert in zwei historischen Gebäuden an der Kinzig das Thema Holz in allen Facetten, vom alten Flößerhandwerk über die Sägetechniken bis hin zum Fachwerkbau und zur Rotgerberei.

Gastronomisch steht Schiltach für die Qual der Wahl. Der Gasthof *Zum weyßen Rössle (So ab 14 Uhr und Mo geschl. | Schenkenzeller Str. 42 | Tel. 07836/387 | €–€€),* in 19. Generation (seit 1590) Familienbetrieb, ist bekannt für seine vorzügliche regionale Küche; das Hotel *(9 Zi. | www.weysses-roessle.de | €)* für das tolle Preis-Leistungs-Verhältnis. Der

Schiltach bietet eine schöne Altstadt, außergewöhnliche Museen und leckere Küche

Flößergasthof Zur Alten Brücke (Mi geschl. | Schrambergerstr. 13 | Tel. 07836/20 36 | €€) ist ungekrönter Maultaschenkönig des Landkreises Rottweil. nsider Tipp Die *Vesperstube Schwenkenhof (Di geschl. | im Ortsteil Hinterlehengericht | Tel. 07836/72 13 | €)* bietet außer Ferien auf dem Bauernhof auch erstklassige Hausmacher Wurst, Schwarzwälder Schinken, Holzofenbrot und Apfelmost. *25 km von Haslach*

WOLFACH **[124 B3]**

Das einstige Zentrum der Flößerei (5900 Ew.) im mittleren Schwarzwald ist heute vor allem wegen der Glasbläserei ★ *Dorotheenhütte* und ihrem *Glasmuseum (tgl. 9–16.30 Uhr, Jan.–Mai So geschl. | Glashüttenweg 4 | Eintritt 4 Euro)* ein Begriff. Elegant zeigen die Glasbläser in der zum Erlebnispark angewachsenen Traditionswerkstatt ihre Kunst, lassen Übermütige selber ihre Vase (10 Euro) blasen. Angeschlossen ist ein ganzjähriger Weihnachtsmarkt.

Wolfach ist eine Hochburg der alemannischen Fasnet, mit vielen skurrilen Bräuchen, etwa dem Kaffeetantenumzug oder dem Wohlaufwecken. Dabei wird der „Wohlaufmann“ in aller Früh im rollenden Bett durch die Stadt gefahren, begleitet von Hunderten Narren in Nachthemden und Schlafanzügen, die einen Höllenlärm veranstalten, bis auch der letzte Wolfacher aus dem Bett gefallen ist. Weniger Rummel herrscht im *Flößer- und Heimatmuseum (Mai–Okt. Di, Do, Sa und So 14–17, So auch 10–12, Nov.–April Do 14–17 und 1. So im Monat 14–17 Uhr | Eintritt 1,50 Euro)*. Es zeigt Exponate zur Stadtgeschichte und Flößergeschichte.

Feine badische Gastronomie (selbst gemachte Nudeln) bietet im Stadtzentrum der *Hecht (17 Zi. | Mo und Di geschl. | Hauptstr. 07834/538 | €€),* ein kleiner, gepflegter Gasthof, dessen altmodische Gaststube ein besonderes Ambiente hat. *13 km von Haslach*

ZELL AM HARMERSBACH **[123 F2]**
Auch dieses Städtchen (8000 Ew.) beeindruckt durch seine malerischen Fachwerkensembles. Sehr viele Besucher aber kommen wegen der *Zeller Keramik GmbH (Besichtigung mit Fabrikverkauf Mo–Fr 9–17.30, Sa 9–16, Mai–Dez. auch So und feiertags 9–17 Uhr | Hauptstr. 2),* die das berühmte Hahn- und Henne-Geschirr herstellt.

Weitere Attraktion ist das *Storchenturmmuseum (April–Okt. Di–So 14–17 Uhr | Eintritt 1,50 Euro),* ein Münz- und Uhrenmuseum mit Raritäten wie der astronomischen Uhr eines Zeller Uhrmachers aus dem 19. Jh., der Kuhschwanzpendeluhr oder der Knödelfresseruhr. In der *Ritterstube* im Museum kann man auch heiraten *(Tel. Standesamt 07835/ 63 69 41). 14 km von Haslach*

Inside Tipp

Von Zell aus lohnen sich weitere Ausflüge, etwa ins 6 km entfernte Wanderparadies *Nordrach* (2000 Ew.) mit seinem *Puppenmuseum (Juli und Aug. tgl. 14–17, Sept.–Juni Fr–So 14–17 Uhr | Im Dorf 76 | Eintritt 3 Euro),* das über 1500 Puppen in thematischen Szenen zeigt. Ein Vespertipp ist der *Vogt auf Mühlstein (Di–So 10–19 Uhr | Tel. 07838/249 | €)* in einem alten Bauernhof Richtung Unterharmersbach.

> LOW BUDGET

- Zwei Museen zum Preis von einem: Das Hansjakob-Museum und das Trachtenmuseum in Haslach kosten je 2 Euro, aber mit der Eintrittskarte des einen kommt man auch ins andere. Die Familienkarte gibt es für 4 Euro.
- Kinder (bis 12 Jahre), die Geburtstag haben, bekommen an diesem Tag freien Eintritt im Europapark Rust und sparen damit ganze 16,50 Euro.
- In der Zinkenmühle in einem Seitental bei St. Georgen wohnen Urlauber in historischem Ambiente mit spartanischer Ausstattung, aber auch zu spartanischen Preisen: Die ersten zwei Erwachsenen übernachten für 20 Euro, jeder weitere für 5 Euro, Kinder für 3 Euro. *Max. 6 Pers. | Im Zinken 6 | 78112 St. Georgen-Brigach | Tel. 07724/ 91 91 80 | Fax 91 91 84 | ingeheizmann@zinkenmuehle.de*

OFFENBURG

[123 E1] Die Metropole (59 000 Ew.) der Ortenau ist als Tourismuszentrum eher ungeeignet. Sie ist Wirtschaftsstandort, Verkehrsknotenpunkt, Verlags- und Messestandort und politisches Zentrum der Region. Namhafte Unternehmen wie Burda, Vivil oder Tesa haben hier ihren Sitz. Die historische Erschließung des mittleren Schwarzwalds nahm von hier aus ihren Lauf. So können es auch Urlauber halten und von Offenburg aus die Umgebung erkunden.

SEHENSWERTES

FISCHMARKT
Ein zentral gelegener Marktplatz mit einem malerischen Gebäudeensem-

ble, etwa der *Hirschapotheke* (1698), dem *Salzhaus* (1786) und dem *Löwenbrunnen* (1599).

RITTERHAUSMUSEUM

Hier finden Sie Exponate zur Regionalgeschichte: Archäologie von der Steinzeit bis zu den Alemannen, Völkerkunde, Bergbau im Schwarzwald, Sonderabteilung zur badischen Revolution 1848/49. *Di–Fr 10–13 und 15–17, Sa/So 10–17 Uhr | Eintritt frei | Ritterstr. 10*

SALMEN

Im historischen Gasthaus Salmen wurde 1847 die badische Revolution ausgerufen. 2002 wurde der Salmen als „Denkmal von nationaler Bedeutung" von Bundespräsident Johannes Rau der Öffentlichkeit übergeben. Es lohnt der touristische Rundgang durch die Räume (Biedermeiersaal, Salmensaal, ehemalige Synagoge). Besonderer Blickfang: die *Empore der Erinnerung,* auf der zwei historische Inszenierungen aufgebaut wurden. *Geöffnet bei öffentlichen Veranstaltungen, Führungen nach Vereinbarung | Tel. 0781/82 45 77 | Eintritt frei | Lange Str. 54*

Hähnchen Superstar: Das schwarze Federvieh aus Zell ziert Frühstückstische in aller Welt

ZWINGERPARK

Eine der schönsten Parkanlagen Mittelbadens liegt wie eine Oase der Ruhe in der Altstadt von Offenburg und verzaubert durch kleine Teiche mit vielen Wasservögeln und durch den imposanten über hundertjährigen Baumbestand.

ESSEN & TRINKEN

BLUME

Romantisches Ambiente in einem schönen Fachwerkhaus aus dem 18. Jh. im Ortsteil Rammersweier. *Mo geschl. | Weinstr. 160 | Tel. 0781/ 336 66 | €€*

BRASSERIE ENGEL

Sehr bodenständig und preiswert, im Sommer mit großem Biergarten. Spezialität: heimische Gerichte. *Hauptstr. 58 | Tel. 0781/255 54 | €*

ÜBERNACHTEN

MERCURE-HOTEL

Das Hotel bietet den zuverlässigen Standard der Mercure-Kette. Hallen- und Dampfbad, Sauna. Direkt am Messegelände. *132 Zi. | Schutterwälderstr. 1a | Tel. 0781/50 50 | Fax 50 55 13 | www.mercure.com | €€–€€€*

SONNE

Das älteste Hotel der Stadt (seit 1350 nachgewiesen) in einem malerischen Altbau im Zentrum überzeugt durch seine Atmosphäre und eine regional ausgerichtete Speisekarte. *32 Zi. | Hauptstr. 94 | Tel. 0781/93 21 60 | www.hotel-sonne-offenburg.de | €€*

Mustergültiger Weinbau in Durbach

AM ABEND

BAX

Keller- und Musikkneipe (Kuschelrock, Oldies), Dart- und Billardspiele. Möglicher Nachteil: liegt direkt neben der Polizei. *Tgl. So–Do 20–4 Uhr, Fr, Sa bis 5 Uhr | Hauptstr. 100 | Tel. 0781/255 56*

AUSKUNFT

STADTINFORMATION

Am Fischmarkt 2 | Tel. 0781/82 20 00 | Fax 82 72 51 | www.offenburg.de

ZIELE IN DER UMGEBUNG

DURBACH [123 F1]

Der malerische Weinort (3900 Ew.) hat sich mit seinen Rebhängen die Ausläufer des Schwarzwalds hinaufgeschlichen. Darüber wacht das beliebe Ausflugsziel *Schloss Staufenberg*. Der Wanderweg hinauf ist gesäumt von Esskastanienbäumen, sodass es sich lohnt, im Herbst eine Tüte zum Sammeln mitzunehmen. Oben warten das *Markgräflich badische Weingut* mit Weinstube und Verkauf und die *Wein- und Vesperstube Schloß Staufenberg (März–Okt. tgl. 10–19 Uhr | Tel. 0781/966 41 65 | €)* mit Sonnenterrasse und weitem Blick

Insider Tipp

Auch einen ausführlichen Rundgang wert: die Basilika von Gengenbach

in die Ortenau. Erste gastronomische Adresse ist das *Hotel Ritter (So geschl. | 41 Zi., 20 Suiten/Apts. | Tal 1 | Tel. 0781/932 30 | Fax 932 31 00 | www.badenpage.de/ritter | €€). 8 km von Offenburg*

GENGENBACH **[123 F2]**

Teile der mittelalterlichen Stadtbefestigung von Gengenbach (11 100 Ew.) sind noch erhalten, etwa das *Schwedentor,* das *Kinzigtor* (14 Jh.) mit seinem pyramidenartigen Glockentürmchen, der *Niggelturm* mit *Narrenmusem (April–Okt. Mi/Sa 14–17, So 10–12 und 14.–17.30 Uhr | Eintritt frei)* und das *Haigeracher Tor.* Auf dem Marktbrunnen aus dem Jahr 1582 steht stolz das Standbild eines geharnischten Wappenträgers. Winklig und ineinander verschachtelt sind die Fachwerkhäuschen in der *Engel-* und *Höllengasse.*

In einem 20-minütigen Spaziergang erreicht man das *Bergle,* von dem sich ein schöner Panoramablick auf das ganze Städtchen bietet. Im *Strohhof (Ostern–Okt. Sa–Mi 12–22, sonst nur Sa/So | Tel. 07803/37 13 | €),* einem alten Schwarzwaldhof im gleichnamigen Ortsteil (etwa 2,5 km außerhalb), vespern Sie in uriger Umgebung. Besonders empfehlenswert: selbst gemachter Schafs- und Ziegenkäse und Beerenwein. *11 km von Offenburg*

LAHR **[123 E2–3]**

Die Stadt (43 800 Ew.) hält seit 1215 die Stellung am Ausgang des Schuttertals in die Rheinebene. Als industrielles Mittelzentrum überrascht sie mit spätbarocken und klassizistischen Straßenzügen, im Herbst mit unnachahmlicher Chrysanthemenpracht, außerdem mit einem kleinen tropischen *Stadtpark,* in dem Tulpen- und Trompetenbäume, Mammutbäume und zahlreiche Kakteenarten an einen karibischen Hotelpark erinnern. Bodenständiger ist der *Storchenturm,* das Wahrzeichen der Stadt aus dem 13. Jh., in dem das *Geroldsecker-Museum (Mai–Sept. Mi, Sa, So und an Feiertagen 17–19 Uhr | Eintritt frei)* mit Exponaten zur Stadtgeschichte untergebracht ist.

In der Großdisko *Universal Dog (Do–Sa 21.30–5 Uhr | Flugplatzstr. B150 | www.universaldog.de)* auf dem ehemaligen Militärflugplatz trifft sich die Jugend der Region. Hier gibt es sehr viele Liveauftritte mit Bands aller Musikrichtungen.

OBERKIRCH [120 B6]

Oberkirch (20000 Ew.) im unteren Renchtal gehört zu den größeren Wein- und Schnapsorten in der Ortenau. Das *Tourist-Info-Büro (Marktplatz 2a | Tel. 07802/70 66 85 | www.oberkirch.de)* vermittelt Brennereibesichtigungen.

Der Barockdichter Hans Jakob Christoffel von Grimmelshausen war in Oberkirch zu Hause und schrieb hier „Der abentheuerliche Simplicius Simplicissimus". Das *Grimmelshausenmuseum (Di/Do 15–19, So 10.30–12.30 und 14–17 Uhr | Hauptstraße 32 | Eintritt frei)* hält mit teuren Erstausgaben, aber auch vielen Exponaten zur badischen Geschichte und zum Alltagsleben in der Ortenau die Erinnerung an den berühmtesten Sohn der Stadt wach.

Ein schönes Ausflugsziel ist oberhalb der Stadt die *Burgruine Schauenburg,* wo der Sage nach einst der Ritter Hagelsbach nicht durch das Verliesloch passte, weil er zu viel Wein getrunken hatte. Ein Tipp für den Abend ist die vielseitige ▶▶ Freilicht- und Kleinkunstbühne im „Freche Hus", einem historischen Bau direkt an der Stadtmauer, von einem privaten Verein betrieben. *19 km von Offenburg*

RUST [123 D3]

Obwohl der Ort selbst nicht mehr im Schwarzwald liegt, ist Rust (3600 Ew.) doch ein Muss für viele Schwarzwaldurlauber. Das Dorf

Im Europapark Rust gibt es Herausforderungen für fast jedes Nervenkostüm von zart bis zäh

lockt jährlich über 3 Mio. Besucher an. Schuld daran ist der größte Freizeitpark Deutschlands, der ★ *Europapark Rust (April–Anfang Nov. und Dez.–Mitte Jan. tgl. 9–18 Uhr | Infoline 018 05 77 66 88 | www.europapark.de | Eintritt 30 Euro).*

Europas größte Achterbahn, 73 m hoch, 130 km/h schnell, vier Minuten Fahrzeit, das ist der *Silver Star,* ein Thriller auf Stelzen. Wildwasserbahnen, Fjordrafting, die Achterbahnen *Matterhorn-Blitz* und *Euro-Mir,* Bühnen- und Eisshows, ein mittelalterliches Ritterspektakel, Piratenhöhlen, Märchenwelten – ein Tag reicht kaum aus, um alles zu erleben, was in dieser Zauber- und Abenteuerwelt geboten wird. Darum bleiben immer mehr Gäste über Nacht, entweder im Hotel *El Andaluz (182 Zi. | €€),* im *Castillo Alcazar (112 Zi. | €€€),* im *Hotel Colosseo (322 Zi. | 22 Suiten | €€)* oder im ganz neuen *Santa Isabel (66 Zi. | €€€). Info und Buchung für alle Hotels: Tel. 01805/86 86 20 | Fax 07822/860 55 45 | www.europapark.de. 19 km von Offenburg*

SEELBACH [123 E3]

Über Seelbach (5200 Ew.) thront die *Burgruine Hohengeroldseck,* die älteste Burg im Schuttertal, mit der berühmten, seit 1280 nachgewiesenen *Geroldsecker Waffenschmiede (April–Nov. Sa/So 14–18 Uhr, sonst tgl. nach Anmeldung | Litschental 111 a | Eintritt 2,50 Euro | Tel. 07823/10 66),* in der Repliken historischer Waffen verkauft werden. Ein Abenteuer-Hochseilgarten *(nur nach Anmeldung | Tel. 0171/24 14 10 44 | Halbtagsticket 42 Euro)* sorgt für Nervenkitzel und sportliche Herausforderung, die Herberge *Zum Löwen (Mi geschl. | Ludwigstr. 1 | Ortsteil Schönberg | Tel. 07823/96 16 26 | €€)* als urkundlich belegtes ältestes Gasthaus Deutschlands (seit 1231) für kulinarische Abwechslung.

ST. GEORGEN

[124 B5] Das kleine Industriestädtchen (13 600 Ew.) am rauen Ostrand des Schwarzwalds ist als fast 1000 m hoch gelegene sonnige Bergstadt ein idealer Ausgangspunkt für Langlauftouren im Winter und Wanderungen im Sommer. Auf insgesamt 40 km Wegen bewegt sich der Wanderer auf dem schmalen Grat der europäischen Rhein-Donau-Wasserscheide.

SEHENSWERTES

DEUTSCHES PHONOMUSEUM

Im Rathausbau erinnert St. Georgen an das ehemalige Dual-Werk und dessen große Vergangenheit bei der Rundfunk- und Fernsehtechnik. *Mo–*

Fr 9–12.30 und 14–17, Mai–Sept. auch Sa 10–12 Uhr | Eintritt 2 Euro | Hauptstr. 9

KOBISENMÜHLE

In der restaurierten Hofmühle (15. Jh.) werden das Schwarzwälder Müllerhandwerk und bei Vorführungen die unterschiedlichen Arten der Getreideverarbeitung präsentiert. *Mai–Okt. jeden 2. So im Monat 14–17 Uhr | Eintritt 2 Euro | Oberkirnach | Im Hippengehr 3*

MUSEUM SCHWARZES TOR

Heimatmuseum in einem Bauernhaus aus dem 19. Jh. mitten in der Stadt. Eine originalgetreu nachgebaute Uhrmacherwerkstatt vermittelt einen Eindruck vom Tüftlertreiben der früheren Schwarzwälder Handwerker. *Mai–Sept. Sa 13–16, ab Juni Di 10.30 Uhr Sonderführung, Okt.–April jeden 1. Sa im Monat 13–16 Uhr | Eintritt 2 Euro | Bahnhofstr. 37*

ESSEN & TRINKEN

LANDGASTHOF ENGEL

Seit über 150 Jahren ist das urige Ausflugslokal (mit acht Übernachtungsbetten | €) in einem typischen Schwarzwaldhaus in Familienbesitz. 2,5 km Spazierweg von der Ortsmitte werden belohnt mit Hausmacher Vesper und Spezialitäten aus eigener Schlachtung. *Mo geschl. | Obertal 1 | Ortsteil Brigach | Tel. 07724/62 52 | €*

RÖSSLE

Ein typischer Schwarzwälder Familienbetrieb, der wenig Aufhebens macht, aber aus eigener Hausschlachtung allerlei Spezialitäten auf den Tisch bringt. *Sa geschl. | Am Schoren 3 | Ortsteil Stockburg | Tel. 07725/72 17 | €*

ÜBERNACHTEN

HOTEL KAMMERER

Dieses modern ausgestattete Haus liegt zentral im Ort. Eine gemütliche Bistrobar lässt die Abende lang werden. *22 Zi. | Hauptstr. 23 | Tel. 07724/939 20 | Fax 93 92 41 | www.hotel-kammerer.de | €€*

AUSKUNFT

VERKEHRSAMT

Hauptstr. 9 | Tel. 07724/871 94 | www.st-georgen.de

ZIELE IN DER UMGEBUNG

HORNBERG [124 B4]

Eisenbahnfreunde bestaunen in Hornberg (4400 Ew.) ein imposantes Bauwerk der Schwarzwaldbahn, das gewaltige *Viadukt* über das Gutachtal. Es ist 150 m lang und 15 m hoch. Sieben Bögen aus Granitquadern spannen sich über die Schlucht. Deutschlands einzige Schule für Pilzkunde, die *Schwarzwälder Pilzlehrschau (Juli–Okt. Mo 9–10 und Fr 18–18.30 Uhr kostenlose Pilzberatung, Sa 16–18 Uhr Besichtigung und pilzkundliche Informationen | Eintritt 2,50 Euro | Wochenendseminare ab 95 Euro | Werderstr. 17 | Tel. 07833/63 00 | Fax 83 70),* ist hier zu Hause. *25 km von St. Georgen*

ROTTWEIL [125 D–E5]

Als älteste Stadt Baden-Württembergs, mit Siedlungsspuren bis zurück ins Jahr 2000 v. Chr., hat Rottweil (25 600 Ew.) an den äußersten östlichen Ausläufern des Schwarzwalds vor allem viel Geschichte zu bieten. Wenn Sie die Stadt außerhalb der wilden Fasnachtstage besuchen, ist die größte Sehenswürdigkeit die historische *Altstadt* mit malerischen Häuserfronten, der barocken *Predigerkirche* und dem *Heiligkreuzmünster,* das sich dem natürlichen Gefälle der Stadt angleicht und deshalb vom Portal bis zum Altar um 1,40 m abfällt. Das *Stadtmuseum* in der oberen Hauptstraße *(Di–Sa 10–12 und 14–17, So 10–12 Uhr | Eintritt 1 Euro),* das *Freilichtmuseum Römerbad (frei zugänglich),* das *Dominikanermuseum (Di–So 14–17 Uhr | Eintritt 2 Euro | Am Kriegsdamm)* und das *Salinenmuseum (Mai–Sept. So 14.30–17 Uhr oder nach Vereinbarung | Tel. 0741/438 22 | Eintritt 1 Euro | Unteres Bohrhaus | Primtalstr. 19)* führen in die Stadtgeschichte ein. Prächtige Aussichten über die Giebellandschaft der Altstadt bietet der 54 m hohe *Hochturm (Schlüssel im Verkehrsbüro | Hauptstr. 21–23 | Mo–Fr 9.30–17.30 Uhr | Sa und So im Café Schädle direkt gegenüber | Eintritt 1 Euro pro Schlüssel). 45 km von St. Georgen*

SCHONACH **[124 A5]**

Im Skidorf Schonach (4200 Ew.) stehen die größten Kuckucksuhren der Welt: im *Eble-Uhren-Park (Mo–Sa 9–18, Ostern–Okt. auch So 10–18 Uhr | Eintritt 1,50 Euro | Schonachbach 27)* mit einem 4,50 mal 4,50 m großen Uhrwerk, und bei *Josef Dold (tgl. 9–12 und 13–18 Uhr | Eintritt 1 Euro | Untertalstr. 28),* wo das 3,10 mal 3,60 m große Uhrwerk in einem 7 m breiten Schwarzwaldhaus untergebracht ist. Gute Einkaufsmöglichkeiten bietet die Schwarzwalduhrenmanufaktur *Rombach & Haas (Fabrikverkauf Mo–Fr 7–12 und 13.15–*

Vorsicht, Ausnahmezustand! Während der Fasnet geht es in Rottweil ziemlich wild zu

Malerischer Sturz – sommers wie winters: Triberger Wasserfälle

16.30 Uhr | Sommerbergstr. 2 | www.black-forest-clock.de). Im Winter wird Schonach mit seinem und dem umliegenden Loipennetz zum märchenhaften Wintersportzentrum. *13 km von St. Georgen*

SCHRAMBERG **[124 C4]**

Der Rosenmontag ist in Schramberg (22000 Ew.) der höchste Feiertag. Dann fahren bis zu 40 selbst gebaute mehr oder weniger seetüchtige Fahrzeuge voll besetzt mit Narren die Schiltach hinunter. Das Spektakel heißt „Bach-na-Fahrt“. Das *Stadtmuseum (Di–Fr 14–18, Mai–Sept. auch 10–12, Sa/So 10–12 und 14–17 Uhr | Eintritt frei | Bahnhofstr. 1)* zeigt außer Uhrengeschichte auch Ausgrabungen aus den nahen *Burgruinen Falkenstein, Schilteck* und *Hohenschramberg*. Bei Letztgenannter lädt das Restaurant *Burgstüble (6 Zi. | Mi und Do geschl. | Tel. 07422/959 50 | Fax 95 95 30 | www.burgstueble-schramberg.de | €)* zur Einkehr ein. *18 km von St. Georgen*

TRIBERG **[124 B5]**

In Triberg (5200 Ew.) locken die ★ *Triberger Wasserfälle*, eines der schönsten Naturwunder Deutschlands, in der Hochsaison täglich Zehntausende von Touristen an. Entsprechend überlaufen und vollgestopft mit Buden und Souvenirshops ist das Ortszentrum. Deutschlands höchste Wasserfälle stürzen über sieben Kaskaden 163 m in die Tiefe. Es gibt die Wasserfälle aber auch ganz anders, nämlich märchenhaft verzaubert, glitzernd, starr und fast menschenleer: im Winter, wenn der Frost einen Eispalast aus ihnen zaubert, ein

Insider Tipp

echtes Naturwunder. Viele Sommertouristen versäumen vor lauter Wasserfall das Kleinod *Maria in der Tanne,* eine Wallfahrtskirche aus dem 18. Jh., in der eine geschnitzte Madonna von 1645 steht. Wenn es der Geldbeutel erlaubt, ist auch die Einkehr im 350 Jahre alten *Parkhotel Wehrle (50 Zi. | Gartenstr. 24 | Tel. 07722/860 20 | Fax 86 02 90 | www.parkhotel-wehrle.de | €€€)* Pflicht. *26 km von St. Georgen*

VILLINGEN **[124 C6]**

Der Stadtkern von Villingen (82000 Ew.) lohnt wegen seiner vielen denkmalgeschützten historischen Gebäude einen ausführlichen Rundgang *(Führungen Mi, Fr 15, Sa 14 Uhr | Tourist-Service | Niedere Str. 88 | Tel. 07721/82 23 40 | Fax 82 23 47 | www.villingen-schwenningen.de).* Die wichtigsten Sehenswürdigkeiten findet man aber auch leicht selbst: am Münsterplatz das *Münster Unserer Lieben Frau* (12. Jh.) mit zwei unterschiedlichen Türmen aus dem 15. und 16. Jh., das *Alte Rathaus,* im Renaissancestil 1534 erbaut, ebenfalls am Münsterplatz. Auch sehenswert sind der *Rademacherbrunnen* in der Rietstraße, der bronzene *Münsterbrunnen,* das ehemalige *Benediktinerkloster* in der Schulgasse und das ehemalige *Franziskanerkloster* in der Rietgasse. Die Fundstücke im dortigen *Museum (Di–Sa 13–17, So 11–17 Uhr | Eintritt 3 Euro)* stammen aus den Grabhügeln (700–300 v. Chr.), die man außerhalb Villingens auf dem Magdalenenberg gefunden hat. *17 km von St. Georgen*

Den Münsterbrunnen in Villingen zieren bronzene Figuren

> VON DER SONNE VERWÖHNT

Im schluchtenreichen Südschwarzwald locken gute Wanderluft und badische Weine

> Auch der Südschwarzwald, der komplett als *Naturpark Südschwarzwald* unter Naturschutz steht, hat seinen ganz eigenen Charakter. Mild, südländisch und sonnenverwöhnt an seinen Ausläufern zum Rheintal hin, herzhaft, verschroben und weltabgeschieden in seinen winkligen Tälern und abenteuerlichen Schluchten.
Die Nähe zur Schweiz zeigt sich in der Mundart, die Nähe zum Elsass in der Küche. Die Metropole des Südschwarzwalds heißt Freiburg. Sie strahlt mit ihrem kulturellen, wissenschaftlichen und sportlichen Glanz weit in die Region.

FREIBURG

KARTE IN DER HINTEREN UMSCHLAGKLAPPE

[127 D–E1] **In Freiburg (217 000 Ew.) kommen südländisches Flair und badische Gemütlichkeit zusammen.** Durch die vorbildlich restaurierte historische Alt-

Bild: Feldprozession des St. Trudpert Klosters im Münstertal

SÜDLICHER SCHWARZWALD

stadt plätschern die mittelalterlichen *Bächle* (offene Kanäle, 50 cm breit und 20 cm tief, durch die einst das Abwasser floss), Studenten bummeln – über die Welt oder ihren Bafög-Antrag sinnierend – über den phantastischen Münsterplatz; draußen an der Dreisam joggt der SC Freiburg; im Gewerbegebiet Haid mit avantgardistischen Industriebauten sitzen die Tüftler der Solarfabrik; in den westlichen Stadtteilen St. Georgen, Lehen und Opfingen diskutieren die Alteingesessenen die Qualität des Weinjahrgangs und neue Spargelrezepte. Einen grandiosen Rundblick auf diese Perle haben Sie vom hölzernen Riesenaussichtsturm auf dem Schlossberg.

SEHENSWERTES

ADELHAUSERMUSEUM

Dieses Völker- und Naturkundemuseum bietet Exponate aus Afrika,

Vorzeigegotik: Freiburger Münsterturm

Asien und Nordamerika (Indianer). Außerdem ist die heimische Tier- und Pflanzenwelt ausgezeichnet dargestellt. *Di–So 10–17 Uhr | Eintritt 2 Euro | Gerberau 32*

ALTSTADT

Die komplette Altstadt von Freiburg ist als Fußgängerzone ausgewiesen, fast alle Straßen und Gässchen, ebenso der zentral gelegene Münsterplatz sind nach historischem Vorbild mit Rheinkiesel gepflastert. Sie treffen nahezu an jeder Ecke auf besonders geschichtsträchtige Gebäude, von denen das Martinstor und das Schwabentor als Reste der historischen Stadtbefestigung besonders markant sind. Vom Schwabentor aus gelangt man, indem man sich rechts hält, in die obere Altstadt, in der malerisch in schmalen Gassen ein krummes Haus am anderen klebt. Nach links folgt man dem Gewerbekanal in die Gerberau und Fischerau, einstige Handwerkerviertel, in denen jetzt schöne Läden, kleine Cafés und Kneipen locken. Betreten Sie die Altstadt durch das Martinstor, dann landen Sie direkt in der geschäftigen Haupteinkaufsmeile, der Kaiser-Joseph-Straße. Vom zentralen Bertholdsbrunnen halblinks erreichen Sie den Rathausplatz mit dem Alten Rathaus aus dem 16. Jh. Zum grandiosen Münsterplatz kommen Sie, wenn Sie sich vom Bertholdsbrunnen halb rechts orientieren. Scharf rechts landen Sie auf dem südländisch anmutenden Augustinerplatz.

AUGUSTINERMUSEUM

Das größte Museum der Stadt zeigt (wegen Umbaus bis 2008 eingeschränkt) eine bedeutende Sammlung oberrheinischer Kunst, darunter Meisterwerke von Lucas Cranach d. J., Lukas Cranach d. Ä., Hans Baldung Grien und Matthias Grünewald. *Di–So 10–17 Uhr | Eintritt frei | Augustinerplatz 1–3*

MÜNSTER ★

116 m hoch ragt das Wahrzeichen Freiburgs, der Münsterturm, in den Himmel. Das Münster selbst, eine vollendete Komposition aus gotischer und romanischer Architektur, ist über 700 Jahre alt, der Turm mit seinem luftigen achteckigen Oberbau gilt als Höhepunkt gotischer Baukunst in Deutschland. Das Münster ist überaus reich mit Skulpturen besetzt, darunter die skurrilen Wasserspeier mit ihren dämonischen Fratzen. An der prachtvollen Glaskunst in den Münsterfenstern zeigt sich Freiburgs einstiger Silberreichtum. Kunsthistorische Führungen bietet jeden Tag *Freiburg Kultour (Rotteckring 14 | Tel. 0761/290 74 47 | Fax 290 74 49 | 7 Euro)*. Der Münsterturm ist begehbar *(Mo–Sa 9.30–17 | So 13–17 Uhr | Eintritt 1,50 Euro)* und bietet eine phantastische Aussicht über die ganze Stadt, den Kaiserstuhl und die Rheinebene. Der malerische Münsterplatz (essen Sie unbedingt eine Bratwurst *lange Rote* an einer der Buden) wird gesäumt von sehenswerten historischen Bauten, darunter das historische Kaufhaus, das Kornhaus, die Alte Wache.

MUSEUM FÜR UR- UND FRÜHGESCHICHTE

Im schönen Colombi-Schlössle am Altstadtrand schlummern Schätze aus der Römer- und Alemannenzeit am südlichen Oberrhein. Unbedingt anschauen: die Neufundvitrine. Dort werden regelmäßig die neuesten Funde aus aktuellen Ausgrabungen in der Region gezeigt. *Di–So 10–17 Uhr | Eintritt 2 Euro | Rotteckring 5*

Insider Tipp

ESSEN & TRINKEN

COLOMBI

Das mit einem Michelin-Stern ausgezeichnete Restaurant im gleichnamigen First-Class-Hotel ist mit seiner sorgsam komponierten Tageskarte und mit erlesenen Weinspezialitäten die führende gastronomische Adresse

MARCO POLO HIGHLIGHTS

★ **Münster**
Der schönste Turm der Christenheit steht in Freiburg (Seite 71)

★ **Deutsches Uhrenmuseum**
So tickt der Schwarzwald – in Furtwangen (Seite 85)

★ **Schauinsland**
Das Sonnenkind unter den Schwarzwaldbergen (Seite 76)

★ **Erdmanshöhle**
Das phantastische Reich der Tropfsteinzwerge (Seite 81)

★ **Hasenhorn-Sommerrodelbahn**
Ganz ohne Schnee vom Berg ins Tal sausen (Seite 82)

★ **Waldkirch**
Die Orgelstadt lockt mit konventionellen und modernen Tönen (Seite 83)

Freiburgs. *Rotteckring 16 | Tel. 0761/ 210 60 | €€€*

D.O.C
Das Antipastiparadies in der Innenstadt liefert meisterhafte Risottovariationen. Man isst an Stehtischen oder nutzt den Straßenverkauf. *Mai–Sept. tgl. 11–15 und 18.15–22.30, Okt.–April Di–Fr 11–18.30, Sa 10–15 Uhr | Gerberau 9 | €€*

DREISAMUFERCAFÉ
Neues Terrassencafé mit großem Biergarten und Kinderspielplatz direkt am Ufer der Dreisam. *Tgl. 10–1, Sa bis 2 Uhr | Tel. 0761/202 54 88 | Schreiberstr. 1 | €–€€*

ENOTECA
Italienische Trattoria im malerischen Altstadtkeller. Vorzügliche Rotweine. Hier wird alles selbst hergestellt – Brot, Pasta, Eis. *So geschl. | Tel. 0761/389 91 30 | Gerberau 21 | €€€*

GRÜNHOF ▶▶ Insider Tipp
Motto: Billig, gut, viel! Szenekneipe der Altlinken und Neureichen mit den Teller überlappenden Schnitzeln und Fernsehübertragungen aller bedeutsamen Fußballspiele (nur für Bayern-Fans nicht zu empfehlen). *Warme Küche bis 23.30 Uhr | Tel. 0761/311 08 | Belfortstr. 52 | €*

MARKTHALLE
Dieses Schlemmerzentrum in der Fußgängerzone ist eine Art Gastrobasar mit über 20 Ständen in den Hallen einer ehemaligen Druckerei. Samstags weitet sich dieser Markt auch unter freien Himmel ins angrenzende Fressgässle aus. *Geöffnet zu den üblichen Ladenzeiten, Zugang über Kaiser-Joseph-Str./Martinstor oder Grünwälderstr.*

EINKAUFEN

KAISER-JOSEPH-STRASSE
Trotz Kaufhaus- und Handelskettendominanz ist die Freiburger Fußgän-

Im Straßencafé fühlt sich das sommerliche Freiburg definitiv mediterran an

gerzone mit vielen kleinen Läden immer noch Südbadens interessanteste Einkaufsmeile.

MÜNSTERMARKT

Wer wissen will, wie Südbaden schmeckt, der findet hier die ganze Palette heimischer Erzeugnisse: Obst, Gemüse, Fleisch, Wein, Schnäpse, Kräuter und Kunsthandwerk. *Mo–Sa 9–13 Uhr*

ÜBERNACHTEN

ALLEEHAUS

Hotel garni, zentral, aber trotzdem sehr ruhig gelegen. Opulentes Frühstück. *20 Zi. | Marienstr. 7 | Tel. 0761/38 76 00 | Fax 387 60 99 | www.hotel-alleehaus.de | €€*

BEST WESTERN PREMIER HOTEL VICTORIA

Wegen seiner umweltbewussten Energie-, Einkaufs- und Abfallwirtschaft hat dieses Haus in der Nähe des Bahnhofs schon mehrere Ökopreise gewonnen. *63 Zi. | Eisenbahnstr. 54 | Tel. 0761/20 73 40 | Fax 20 73 44 44 | www.hotel-victoria.de | €€€*

MARKGRÄFLER HOF

Familiär geführt und mitten in Freiburgs historischer Altstadt gelegen. Unter den Zimmerfenstern plätschert der Gewerbekanal. *17 Zi. | Tel. 0761/325 40 | Fax 296 49 49 | www.markgraeflerhof.de | Gerberau 22 | €€€*

SCHILLER

Modisches Ambiente in einem beeindruckenden Jugendstilhaus am Rand der Innenstadt. Überdurchschnittliches Restaurant im Pariser Brasseriestil. *22 Zi. | Hildastr. 2 | Tel. 0761/70 33 70 | Fax 703 37 77 | www.schiller-hotel.de | €€*

ZUM ROTEN BÄREN

Deutschlands nachweislich ältester Gasthof (erbaut 1120) liegt mitten in der Altstadt. *25 Zi. | Oberlinden 12 | Tel. 0761/38 78 70 | Fax 387 87 17 | www.roter-baeren.de | €€€*

AM ABEND

FUNPARK

Südbadens größtes Diskocenter mit mehreren Diskotheken, Tanzbars, Bistros und Spielsalons. *Do 21–4, Fr/Sa bis 5 Uhr | im Industriegebiet Nord | Hans-Bunte-Str. 16c | Tel. 0761/556 57 57 | Eintritt 5 Euro*

HEMINGWAY UND MARGAUX

Die Cocktailbar *Hemingway* im Kolonialstil im Hotel Victoria ist Sammelbecken für alle Nachtschwärmer. *Tgl. 18–2 Uhr, im Nightclub Margaux, direkt im Keller darunter, tgl.*

Futuristisch: Freiburger Konzerthaus

bis 3 Uhr | Eisenbahnstr. 54 | Tel. 0761/20 73 43 00

JAZZHAUS
Die Jazzkellerkneipe im einzigartigen Backsteingewölbe bietet wechselndes Liveprogramm. *Variierende Öffnungszeiten | Schnewlinstr. 1 | Tel. 0761/292 34 46 | www.jazzhaus.de*

Insider Tipp **KAGAN**
Bar mit 360-Grad-Rundumblick aus der obersten Etage des Bahnhofsturms. Sehr angesagte Location, die auch die VIPs der lokalen Sport-, Kultur- und Politszene anlockt. *Di 21–2, Do/Fr bis 4, Sa bis 5 Uhr, | Bismarckallee 9 | Tel. 0761/767 27 66*

KONZERTHAUS
Große Galaabende, philharmonische Konzerte und Musicals – Weltstars gehen ein und aus. Das Konzerthaus ist Freiburgs große Showbühne in einem futuristischen Betonbau am Hauptbahnhof. *Konrad-Adenauer-Platz 1 | Tel. 0761/388 18 06*

AUSKUNFT

TOURIST INFORMATION FREIBURG
Rotteckring 14 | Tel. 0761/388 18 80 | Fax 370 03 | www.fwt-online.de

ZIELE IN DER UMGEBUNG

GLOTTERTAL [123 E–F6]
Seine Karriere als Schauplatz in der Fernsehserie „Schwarzwaldklinik" hat dem Glottertal (3000 Ew.) die „Klausjürgen-Wussow-Brücke" beschert, ansonsten aber seinem Charme als malerisches Ausflugsziel wenig anhaben können. Markenzeichen ist der „Rote Bur", ein Weißherbst, der an den Schwarzwaldhängen angebaut und überall ausgeschenkt wird.

Im unberührteren *Oberglottertal* liegt abseits des Trubels der *Dilgerhof* oder *„Mosthof" (Mo–Sa 15–21 Uhr | Oberglottertal | Tel. 07684/ 12 41 | €)*, eine ehrliche Bauernwirtschaft mit herzhaftem Speckvesper. Am Bernethansenhof im Oberglottertal (direkt an der Ortsdurchfahrt) bietet Bauer Blattmann eine „Milchtankstelle". Wer 60 Cent in die Maschine einwirft, bekommt einen Liter

Insider Tipp

frische Rohmilch in seine mitgebrachte Flasche abgefüllt. *15 km von Freiburg*

MÜNSTERTAL [127 D2–3]

Am Eingang zu dem abgelegenen Tal 20 km südlich von Freiburg liegt die mittelalterlich erhaltene Fauststadt *Staufen* (7800 Ew.) mit interessanter Burgruine und malerischer Innenstadt. Das Örtchen *Münstertal* (5200 Ew.) zieht sich zwischen den Flanken der Schwarzwaldriesen Belchen und Schauinsland bis auf 1400 m empor. Auf trutziger Höhe sitzt seit Jahrhunderten mit stoischer Ruhe das barocke *Benediktinerkloster St. Trudpert.*

Im *Schaubergwerk Teufelsgrund (April–Mitte Juni und Mitte Sept.–Okt. Di, Do, Sa 14–17, Mitte Juni–Mitte Sept. auch So 14–17, Nov. Sa und So 14–17 Uhr | Eintritt 3 Euro)* wurde schon im Mittelalter Silber abgebaut. Man erfährt davon in einer Diashow, bevor es hinab in den 600 m langen Schindlerstollen geht. Neu ist die „Asthmatherapie" in einem Seitenstollen. Einen Abstecher lohnt das Münstertaler *Bienenkundemuseum (Mi, Sa, So und feiertags 14–17 Uhr | Spielweg 55 | Eintritt 2 Euro).* In einem Seitental schürt viermal im Jahr der letzte Köhler des Südschwarzwalds seinen Kohlenmeiler *(Infos: Kurverwaltung Münstertal | Tel. 07636/707 30 | Fax 707 48 oder beim Köhler Siegfried Riesterer | Tel. 07636/14 03).* Insider Tipp

Viele kommen nur wegen des *Romantikhotels Spielweg (39 Zi. | Mo/Di nur kleine Karte | Tel. 07636/70 90 | www.spielweg.com | €€€)* ins Münstertal, das mit überdurchschnittlicher Küche und Spezialitäten aus eigener Käserei glänzt. Günstige Alternative ist das *Gasthaus Kreuz (Mo geschl. | Tel. 07636/818 | €)* mit solider einheimischer Küche.

> BÜCHER & FILME

Kaltes Herz trifft auf Schwarzwaldklinik

> **Güllelochmord, Keltenkult und Kuckucksuhren, Hirschsprung** – So heißen die drei Schwarzwaldkrimis von Roland Weis, dem Autor dieses MARCO POLO Bandes. Sie nehmen augenzwinkernd das Innenleben des Hochschwarzwaldes unter die Lupe.

> **Winteräpfel** – In Heidi Knoblichs Roman erwachen die Anfänge des Schwarzwaldtourismus und die Pioniere des Wintersports noch einmal zum Leben.

> **Die Schwarzwaldklinik** – Einen regelrechten Touristenboom löste in den 1980er-Jahren die kitschig-romantisierende Fernsehserie „Die Schwarzwaldklinik" von Regisseur Hans-Jürgen Tögel aus. Sie spielt mit Klausjürgen Wussow und Sascha Hehn in den Hauptrollen im romantischen Glottertal. Alle Staffeln sowie zwei später entstandene abendfüllende Fernsehfilme sind als DVD im Handel.

> **Das kalte Herz** – In der Filmadaption des gleichnamigen Märchens von Wilhelm Hauff führt Regisseur Paul Verhoeven mittels poetisch-düsterer Bilder in die Zeit der Flößer und Köhler im Nordschwarzwald zurück.

SCHAUINSLAND ★ [127 E2]
Den Gipfel des Freiburger Hausberges (1284 m), dessen Aussichtsturm einen einzigartigen Blick auf Frei-

Kein Name passt besser: Schauinsland

burg, das Rheintal, die Vogesen und den halben Südschwarzwald bietet, erreichen Sie schwebend mit der *Schauinsland-Gondelbahn (Tel. 0761/29 29 30 | www.bergwelt-schauinsland.de | einfache Fahrt 8 Euro | Berg- und Talfahrt 11,50 Euro)*. Nehmen Sie doch den Abstieg zu Fuß oder mit einem Leihfahrrad bzw. Insider Tipp „Downhill-Roller" (eine Art Tretroller für Erwachsene, mit Mountainbikereifen) in Angriff *(ausgeschilderte Route | Verleih Mai–Sept. an der Talstation)*. Das *Museumsbergwerk Schauinsland (Mai–Nov. Mi, Sa, So Führungen 11 und 14 Uhr, Juli/Aug. tgl. | große Führung 24,30 Euro | kleine Führung 19 Euro, jeweils Mi, Sa und So)*, gibt Einblicke in fast 800 Jahre Bergbautradition. *7 km von Freiburg*

HÖCHEN-SCHWAND

[128 A4] **Das „Dorf am Himmel" (2500 Ew.) liegt auf einem Plateau (1015 m) und ist ideales Wander-, Langlauf- und Erholungsgebiet für Ruhe suchende Urlauber.** Höchenschwand ist eine Streusiedlung mit zehn Ortsteilen. Einst waren hier nur Holzfäller und Eremiten zu Hause, heute sind es Kurgäste und Rehapatienten. Das Gebiet südlich der Linie Todtmoos-Höchenschwand bis ins Rheintal trägt den Beinamen Hotzenwald (Hotzen oder Houtz ist eine altalemannische Bezeichnung für Bauern).

Das *Natursportzentrum Höchenschwand* lockt mit dem Rothaus-Zäpfle-Turm, einem 42 m hohen Kletterturm mit mehreren Routen und Schwierigkeitsgraden *(tgl. nach Voranmeldung | Tel. 07672/92 25 52 | Schnupperklettern 21 Euro)*. Nichtkletterer erreichen die Aussichtsplattform *(tgl. 6–22 Uhr | Eintritt 1 Euro)* über die Wendeltreppe im Inneren. Im Winter gibt es ein ausgedehntes Loipennetz, und in die Alpinzentren Menzenschwand (22 km) und Feldberg (ca. 30 km) ist es auch nicht weit.

ESSEN & TRINKEN

NÄGELE

Badische Spezialitäten kreativ verfeinert. Der Koch zeigt, was man aus einem Kalbsschnitzel machen kann. Auch empfehlenswert: das Schwarzwälder Schäufele. *Bürgermeister-Huber-Str. 11 | Tel. 07672/930 30 | €€*

PORTENS SPEZIALITÄTENRESTAURANT HUBERTUSSTUBEN

Spezialitäten sind Wild und Fisch. Probieren Sie Rehrücken Baden-Baden oder den Fischteller Hubertus. *Mi–Mo ab 18, Sa/So auch 11–14 Uhr | Kurhausplatz 1 | 07672/41 10 | €€€*

ÜBERNACHTEN

ALPENBLICK

Der Name verspricht nicht zu viel. Das gepflegte Hotel bietet Fernsicht bis zu den Alpengipfeln, moderne Zimmer, Wellnesseinrichtungen und familiäre Atmosphäre. *27 Zi. | Tel. 07672/41 80 | Fax 41 84 44 | www.alpenblick-hotel.de | €€€*

AUSKUNFT

TOURIST-INFORMATION

Haus des Gastes | Dr.-Rudolf-Eberle-Str. 3 | Tel. 07672/481 80 | Fax 48 18 10 | www.hoechenschwand.de

ZIELE IN DER UMGEBUNG

BERNAU [127 F3]

Der Wintersportort Bernau mit 1900 Einwohnern ist die Heimat von Hans Thoma, dem bekanntesten Schwarzwaldmaler. Die Gemeinde erinnert mit einer Dauerausstellung im *Hans-Thoma-Museum* im Rathaus *(Mi–Fr 10.30–12 und 14–17, Sa/So 11.30–17 Uhr | Eintritt 5 Euro)* an ihren großen Sohn. *18 km von Höchenschwand*

BONNDORF [128 B3]

Bonndorf (6800 Ew.) ist gewissermaßen die Räucherkammer des südlichen Schwarzwalds. Hier produziert die Firma *Adler (Fabrikverkauf Mo–Fr 8–18, Sa 7.30–12 Uhr)* ihren Schwarzwälder Schinken, den Speck, Schäufele und Würste.

Bonndorf ist ein ausgezeichneter Ausgangspunkt, um die romantische Wutachschlucht zu erwandern. In den *Schloss-Narren-Stuben (Mi–Sa 10–12 und 14–17, So 14–17 Uhr, Führung auf Anfrage | Tel. 07703/233 | Eintritt frei)* sind insgesamt 400 originalgetreu nachgebildete Miniaturen von alemannischen Fasnetfiguren ausgestellt. *29 km von Höchenschwand*

GRAFENHAUSEN [128 B4]

In Grafenhausen (2300 Ew.) steht das schindelgedeckte *Heimatmuseum Hüsli (April–Sept. Di–Sa 9.30–12 und 13.30–17, So 13.30–17, Okt–März Di–Sa 10–12 und 13.30–17, So 13.30–17 Uhr | Eintritt 1,60 Euro)*, das Schwarzwälder Volkskunst der letzten 300 Jahre zeigt. Im Ortsteil Rothau steht der Stolz der Region, die badische *Staatsbrauerei Rothaus. 19 km von Höchenschwand*

HÄUSERN [128 A4]

Häusern (1300 Ew.) ist ein schöner Ausflugsort mit gut gepflegtem Wandernetz, dem höchstgelegenen Waldfreibad Deutschlands und dem gastronomischen Überflieger der Region, dem Gasthaus *Adler (45 Zi. | Mo geschl. | St. Fridolin Str. 15 | Tel. 07672/41 70 | Fax 41 71 50 | www.adler-schwarzwald.de | €€ bis €€€). 4 km von Höchenschwand*

ST. BLASIEN [128 A4]

Der kleine Kurort (4000 Ew.) blickt auf eine ruhmreiche Klostergeschichte zurück. Die *Benediktinerabtei* (heute Internatsschule) mit ihrem imposanten Kuppelbau beherrschte einst den ganzen südlichen Schwarzwald. Der *Dom* ist heute noch die drittgrößte Kuppelkirche Europas.

Insider Tipp Neueste Attraktion im Nachbarort Menzenschwand ist das *Radon Revitalbad* *(tgl. 10–21 Uhr | Eintritt 8,50 Euro)*, ein kühn mit viel Glas konstruiertes Wellness- und Therapiebad. Das radonhaltige Heilwasser soll vor allem bei chronischen rheumatischen Erkrankungen helfen. *11 km von Höchenschwand*

WALDSHUT-TIENGEN [128 A–B5]

Vom Hotzenwald steigt man hinab in den Rheingraben und hat in Waldshut-Tiengen (22700 Ew.) den Schwarzwald eigentlich schon verlassen. Als Ausflugs- und Einkaufziel ist die 1975 zwangsfusionierte Doppelstadt trotzdem einen Urlaubstag wert. In beiden Ortsteilen lohnt der Bummel durch die historischen Altstädte mit zahlreichen mittelalterlichen Gebäuden. *19 km von Höchenschwand*

> LOW BUDGET

- Jeden Samstag ab 11.30 Uhr gibt es im Freiburger Münster ein kostenloses Orgelkonzert unter dem Motto „Orgelmusik zur Marktzeit".
- Das *Tiergehege Mundenhof* am Rande des Freiburger Ortsteils Lehen *(Mundenhof Haus 37 | Tel. 0761/ 201 65 80)* ist ein Naturerlebnispark mit Kamelen, Affen, afrikanischen Ziegen und Rindern, Straußenvögeln, Braunbären und Erdmännchen, und kostet keinen Cent Eintritt. Beliebter Ausflugs- und Picknickplatz der Freiburger Familien.
- In Kirchzarten im Dreisamtal verheißt der *Heuspielplatz* beim Ruhbauernhof *(Tel. 07661/619 20)* im Ortsteil Dietenbach einen vergnüglichen Nachmittag für Kinder. Kostet keinen Eintritt, und die dort heimischen Mini-Schweinchen Pickeldi, Frederick und Micky Maus toben gerne mit.
- Görwihl im Hotzenwald ist die einzige Urlaubsgemeinde im Südschwarzwald, die keine Kurtaxe verlangt.

SCHOPFHEIM

[127 D5] **Die stolze Stadt (19300 Ew.) am Eingang des Wiesentals hat als einstmals geschäftiges Industrie- und Gewerbezentrum viel von ihrer Bedeutung verloren.** Die Textilindustrie hat Schopfheims früheren Reichtum begründet.

SEHENSWERTES

LINOTYPE-MUSEUM

Ein Privatsammler hat seine Schrulle öffentlich gemacht und in einem alten Fabrikgebäude an die 40 historische Bleisatzdruckmaschinen aufgestellt, darunter fast das gesamte Bauprogramm des damaligen Marktführers Linotype. *März–Okt. So 10–12 Uhr | Eintritt 1,50 Euro | Hauptstr. 269*

OLAS BÄRENSTUBE

Zu dieser schönen Privatsammlung in einem alten Bauernhaus (Vorsicht, Kopf einziehen!) im Ortsteil Gersbach gehören rund 300 Teddybären,

Weißer Riese: Der Dom von St. Blasien beeindruckt durch Größe, Farbe und seine Kuppel

Kinder- und Puppenwagen. *Besichtigung nur nach tel. Absprache | Eintritt frei | Rauschbachstr. 9 | Tel. 07620/285*

STADTMUSEUM

Das Stadtmuseum beherbergt wertvolle Sammlungen zur adligen und bürgerlichen Wohnkultur, mittelalterliche Grabtafeln, Exponate zur Handwerker- und Zunftgeschichte Schopfheims und eine Sonderausstellung zur Geschichte des badischen Handarbeitsunterrichts. *Mi, Sa und So 14–17, So auch 10–12 Uhr | Eintritt 2 Euro | Wallstr. 10*

ESSEN & TRINKEN

ALTE STADTMÜHLE

Das schöne Restaurant in dem historischen Gebäude der schon im Jahr 1230 erwähnten Stadtmühle liegt mitten in der Altstadt von Schopfheim. Es bietet den Gästen gehobene saisonale, marktfrische Küche und eine romantische Gartenwirtschaft. *Mo geschl. | Entegaststr. 9 | Tel. 07622/24 46 | €€*

SCHWARZWALDGASTHOF ZUM WALDHÜTER

Dieses Ausflugslokal in einem 250 Jahre alten Bauernhof bietet sowohl ambitionierte Küche als auch viele Spielmöglichkeiten für Kinder. *Mo. geschl. | Ortsteil Gersbach | Gässle 7 | Tel 07620/98 89 00 | €€*

ZUM HANS SACHS

Eine kleine, urige Dorfkneipe in der Innenstadt, ehrliche Küche und familienfreundliche Preise. *Mo ab 16 Uhr und Di geschl. | Wallstr. 21 | Tel. 07622/34 71 | €*

ÜBERNACHTEN

LANDGASTHOF KRONE

Die Krone wirkt rustikal, wie man sich halt ein Landhotel vorstellt, überrascht aber innen mit einer modernen Hallenbad- und Saunalandschaft. Das Restaurant bietet erlesene Wildgerichte. Eine besondere Attraktion ist die Kutschen- und Schlittensammlung des Hauses. Es werden auch Pferdekutschfahrten für die Gäste veranstaltet. *44 Zi. | Am Rain 6*

| Tel. 07622/399 40 | Fax 39 94 20 | www.krone-wiechs.de | €€

MÜHLE ZU GERSBACH

Ruhig gelegenes, familiäres Landhotel mit guter, ideenreicher Küche. *15 Zi. | Ortsteil Gersbach | Zum Bühl 4 | Tel. 07620/904 00 | Fax 90 40 55 | www.muehle.de* | €€

AUSKUNFT

TOURIST-INFORMATION SCHOPFHEIM

Am Marktplatz | Tel. 07622/39 61 45 | Fax 39 62 02 | www.schopfheim.de

ZIELE IN DER UMGEBUNG

BAD SÄCKINGEN [127 E6]

Die Trompeterstadt am Hochrhein (16 800 Ew.) beherbergt im *Trompetenmuseum (Di, Do und So 14–17 Uhr | Eintritt 2 Euro | Schloss Schönau)* die größte und bedeutendste Trompetensammlung der Welt.

Eine Kuriosität ist im Ortsteil Wallbach das *Müllmuseum (Do 15–17, So 14–17 Uhr | Eintritt frei | Hauptstr. 162)*. Ein ehemaliger Planierraupenfahrer der Mülldeponie Lachengraben hat seit über 25 Jahren Wohlstandsmüll gesammelt und stellt die Ausbeute in einer alten Scheune aus. Berühmtestes Bauwerk der Stadt ist die über 200 m lange hölzerne *Rheinbrücke. 19 km von Schopfheim*

BELCHEN [127 D3]

Der dritthöchste Gipfel des Schwarzwalds (1415 m) ist komplett autofrei; die *Belchen-Gondelbahn (tgl. 9.15–17 Uhr | Talstation Multen im Wiesental | einfache Fahrt 5,50 Euro | Berg- und Talfahrt 6,50 Euro)* führt auf den Gipfel. An der Westflanke des Belchens liegt der naturgeschützte *Nonnenmattenweiher* (Badeverbot!). Der See stammt aus der Eiszeit und liegt inmitten eines Hochmoors; auf dem Wasser schwimmen große Torfinseln. Sie erreichen ihn über eine schmale Straße von Schopfheim über die Dörfer Tegernau und Bürchau. *28 km von Schopfheim*

ERDMANNSHÖHLE UND EICHENER SEE

Etwa 10 km östlich von Schopfheim bei dem Ort Hasel (1100 Ew.) sollen im Untergrund die Erdmännli und Erdwiebli leben, jedenfalls der Sage

Hübsch überbrückt: In Bad Säckingen überspannt die über 200 m lange Holzbrücke den Rhein

nach. In der schon seit 1754 bekannten ★ *Erdmannshöhle* [127 E5] *(Mai–Sept. tgl. 10–17, April und Okt. Mo–Fr 13–17, Sa/So 10–17 Uhr | Eintritt 3,50 Euro)* haben sie ihre unterirdische Heimat. Die Tropfsteinhöhle ist auf rund 600 m begehbar.

Zwei Kilometer entfernt, auf dem Dinkelsberg [127 D5], versetzt ein Naturwunder die Betrachter immer wieder in großes Erstaunen: Insider Tipp ein See, der mal kommt, mal verschwindet. Nach langen Regenfällen und in der Zeit der Schneeschmelze hebt sich das Grundwasser in dem porösen Kalksteinuntergrund und drängt an die Oberfläche. Der Seepegel steigt dabei täglich um 8 bis 14 cm und kann nach einigen Wochen bis zu 3 m erreichen.

HAUSEN [127 D5]

Der Ort (2400 Ew.) ist die Heimat des Mundartdichters Johann Peter Hebel. Sein Elternhaus, ein alter Fachwerkhof, ist heute *Dorfmuseum (So 10–12 Uhr | Tel. 07622/687 30 | Eintritt 2 Euro)* mit *Hebel-Gedenkstätte. 4 km von Schopfheim*

TODTMOOS [127 F4]

Prunkstück des malerischen Dörfchens (2100 Ew.) ist die barocke *Wallfahrtskirche St. Mariä Himmelfahrt,* erstmals 1255 errichtet. Der heutige Steinbau stammt aus dem 17. Jh. Immer noch pilgern die Gläubigen hierher, um vor dem Gnadenbild im Hochaltar aus dem 14. Jh. zu beten. Auf dem Pilgerweg zur Kirche stehen noch die Pilgerstände von einst; beim Weihnachtsmarkt in der Adventszeit werden sie als Verpflegungsstände reaktiviert. An die Todtmooser Bergbaugeschichte erinnert das *Schaubergwerk Magnetkies-Nickelgrube (Mai–Okt. Mi, Sa und So 14–17,, Nov.–April Di, Sa und feiertags 14–17 Uhr | Eintritt 2,50 Euro).* Eine neue Attraktion ist der Insider Tipp *Hochseilgarten (ab April nur Sa und So | Am Mühlbach 3 | Tel. 07674/92 10 55 | www.hochseilgarten-schwarzwald.de | halbtags 46 Euro).* Im Winter ist Todtmoos Schauplatz spektakulärer *Schlittenhunderennen,* im Januar und Februar dürfen Gäste in *Husky-Kursen (Infos: Kurverwaltung | Tel. 07674/906 00 | Fax 90 60 25 | ab 120 Euro)* selber ran. *22 km von Schopfheim*

TODTNAU [127 E3]

Todtnau (5000 Ew.) ist die Wiege des Skisports im Schwarzwald. Hier ist der älteste Skiclub Deutschlands zu Hause; er wurde 1891 gegründet. Das Hasenhorn mit 1158 m ist in den letzten Jahren zum Eldorado für spektakuläre Abfahrten ausgebaut worden. Ein Sessellift *(tgl. 10–16.45 Uhr | 3,50 Euro)* bringt Wanderer, Mountainbiker, Schlittenfahrer und Schaulustige nach oben. Von dort führt die längste gewalzte Rodelbahn Deutschlands 3,5 km hinab ins Tal. Daneben lockt der Mountainbike-Fun-Park *(Apr.–Nov.)* mit einer spektakulären Downhill-Strecke und neuerdings noch die ★ *Hasenhorn-Sommerrodelbahn (tgl. 11–17 Uhr | 4 Euro)*, die längste Deutschlands. Spektakuläre Wirbel, Wellen, Steilwandkurven und Schussstücke führen bis zu 13 m über dem Boden ins Tal hinunter. Wem das alles zu gefährlich scheint, der erreicht vom Gipfel aus über den auf Kinder ausgerichteten 3,5 km langen Zauberwichtelpfad auch das Tal. Neuester Renner ist das *Geocoaching*, eine von der Kurverwaltung *(Tel. 07671/96 96 95)* veranstaltete Schatzsuche mit Satellitenhilfe (GPS).

Insider Tipp

Im höchstgelegenen Ortsteil Fahl beginnt die alpine Skiarenea Feldberg. Atemberaubendes Wanderziel sind die *Todtnauer Wasserfälle*, die oberhalb von Todtnauberg über Klippen fast 100 m in die Tiefe stürzen. Weil einst der Philosoph Martin Heidegger in einer Hütte im Ortsteil Todtnauberg lebte und grübelte, hat man dort einen 6 km langen Rundwanderweg als Martin-Heidegger-Weg ausgeschildert. Ein Abstecher lohnt auch in den Ortsteil Aftersteg zum *Glasbläserhof (tgl. 9.30–18 Uhr | Eintritt 2 Euro | Tal 6)*, einer Museumswerkstatt mit Verkauf und Vorführungen. *21 km von Schopfheim*

VOGELPARK STEINEN **[127 D5]**

Der Park bietet eine einmalige Sammlung von 300 Vogelarten aus aller Welt und Greifvogelvorführungen *(März, April, Okt. tgl. 10–17, Mai–Sept. tgl. 9–18, Nov. nur bei schönem Wetter 10–17 Uhr | Eintritt 12 Euro). 7 km von Schopfheim*

ZELL **[127 D4]**

In Zell (6000 Ew.) erinnert das *Wiesentäler Textilmuseum (April–Okt., Sa/So 10–12 Uhr, sonst nach Vereinbarung | Tel. 07625/133 11 | 580 und 72 92 | Eintritt 4 Euro)* an die für das Wiesental einst so bedeutsame Textilindustrie. Ausgestellt sind betriebs-

> VOLLDAMPF VORAUS

Museumsbahnen und Dampfzüge

Wie der Ringelschwanz eines Schweins sieht die Strecke der Museumsbahn Wutach **[128–129 C–D 3–4]** auf der Landkarte aus, und so hat sie seit ihrer Eröffnung 1890 ihren Namen weg: „Sauschwänzlebahn". Einst als militärische Nachschublinie durchs Wutachtal gebaut, wurde sie 1955 stillgelegt und 1977 als Touristenbahn wieder zum Leben erweckt. Von alten Dampflokomotiven gezogen, rumpelt die Bahn von Mai bis Oktober über zahlreiche Viadukte und durch den einzigen Kreiskehrtunnel Deutschlands *(Infos: Museumsbahn Wutachtal, Tel. 07702/47 76 04, Fax 47 76 07)*. Eine weitere Museumsbahn, das „Chanderli" **[126 C4–5]**, gezogen von der 1904 gebauten Dampflok T3, bummelt 13 km durch das Kandertal *(Infos: Zweckverband Kandertalbahn, Kandern, Tel. 07626/89 90, Waldeckstr. 39)*.

bereite mechanische Webstühle, Spinnmaschinen, Schuss-Spulmaschinen und Färbereimaschinen. *8 km von Schopfheim*

WALDKIRCH

[123 E5] Waldkirch (20 500 Ew.) erhielt als erste deutsche Fremdenverkehrsgemeinde das Prädikat „slow city“. Das bedeutet: Bei uns geht es gemütlich zu; wir leben und genießen. Waldkirch liegt in reizvoller Lage am Ausgang des lieblichen Elztals, beschattet vom imposanten Kandel (1243 m). Ein gut erhaltener historischer Stadtkern gruppiert sich um den lebhaften Marktplatz.

SEHENSWERTES

ELZTALMUSEUM

Neben Exponaten zur regionalen Geschichte beherbergt der dreigeschossige Schlossbau aus dem 18. Jh. vor allem Material über die Elztäler Orgelbauer und ihre Geschichte. ★ *Waldkirch*, das „Mekka des Dreh- und Jahrmarktorgelbaus“ hält die Tradition mit dem alle drei Jahre *(wieder 2008)* stattfindenden *Orgelfest* am Leben. *Ostern–Okt. Di und Sa 15–17, So 11–17, Nov.–Ostern Mi, Fr und Sa 15–17, So 11–17 Uhr | Eintritt 3 Euro | Kirchplatz 14*

ORGELBAUWERKSTÄTTEN

In vier Waldkircher Orgelbauwerkstätten lebt die alte Handwerkstradition fort; Zaungäste sind willkommen: *Paul Fleck Söhne (Bahnhofsplatz 5a | Tel. 07681/52 90); Jäger & Brommer (Am Gewerbekanal 3 | Tel. 07681/39 27); Rainer Pitt (Am Gewerbekanal 5 | Tel. 07681/235 65) und Wolfram Stützle (Schillerstr. 2 | Tel. 07681/78 54).*

RUINE KASTELBURG

Der imposante Burgturm thront mit kantigen Zinnen auf einem Bergsporn über der Stadt. Von dort blicken Sie weit ins Elztal und in die Rheinebene.

Der Schwarzwald denkt schon lang global: Multikulti-Uhrenträger im Etztalmuseum

SCHWARZWALDZOO

Die gepflegte, in einen steilen Waldberg gebaute Anlage zeigt ausschließlich Tiere der Gegend (außer ein paar Schildkröten), darunter die größte Eulensammlung Europas *(April–Sept. tgl. 9–18, Okt., Nov.,*

März tgl. 9–17 Uhr | Eintritt 3 Euro | Am Buchenbühl).

ESSEN & TRINKEN

HIRSCHEN BRAUEREIGASTSTÄTTE

Geschichtsträchtiges Haus mit eigener Brauerei in der Waldkircher Altstadt. Rustikale Karte. *Do. geschl. | Lange Straße 54 | Tel. 07681/66 42 | €€*

WALDHAUS

Bürgerlich-familiäres Ausflugslokal etwas außerhalb des Ortsteils Kollnau. Auf der herrlichen Sonnenterrasse begeistert der weite Ausblick, von der Speisekarte die phantasievollen Salatvariationen mit Fleisch. *Di geschl. | Am Moosrain 2 | Tel. 07681/73 09 | €–€€*

ÜBERNACHTEN

KOHLENBACHER HOF

Das Hotel liegt idyllisch am Waldrand im Ortsteil Kollnau *(20 Zi. | Tel. 07681/88 28 | Fax 52 37 | www.kohlenbacherhof.de | €€*

ZUM STORCHEN

In einem der historischen Bauten mitten in der Altstadt liegt dieses gemütliche Hotel-Restaurant und stützt sich auf eine über 400-jährige Wirtshausgeschichte. Die Küche ist saisonal und regional, der Chef kocht ohne Glutamat und Geschmacksverstärker, und die romantischen Hotelzimmer, die von der Straße weg nach hinten im Haus liegen, sind nicht nur ein guter Tipp für Flitterwöchner. *6 Zi. | Lange Straße 24 | Tel. 07681/474 95 90 | Fax 475 95 99 | www.storchen-waldkirch.de | €€*

AUSKUNFT

TOURIST INFORMATION I-PUNKT

Kirchplatz 2 | Tel. 07685/194 33 | Fax 908 89 89 | www.zweitaelerland.de

ZIELE IN DER UMGEBUNG

ELZACH [123 F5]

Dieser kleine Luftkurort (7100 Ew.) befindet sich zur Fasnetzeit im Ausnahmezustand. Wenn Sie es wirklich

Hexenlochmühle: Hinter dem schaurigen Namen verbirgt sich ein Bilderbuch-Idyll

riskieren wollen: Nirgendwo sonst erleben Sie die alemannische Apokalypse authentischer als hier. Der ganze Ort nimmt Urlaub, die feuerrote Zunft der „Schuttig" übernimmt während der Fasnetzeit das Kommando.

Ein kulinarischer Tipp ist das familiengeführte *Rössle (Mi geschl. | Hauptstraße 19 | Tel. 07682/212 | €€)*, dessen Fischspezialitäten von der heimischen Forelle bis zum Hummer aus Kanada reichen. *10 km von Waldkirch*

FURTWANGEN [124 A6]

Kurz hinter Waldkirch zweigt vom Elztal das kurvenreiche Simonswäldertal ab und mit ihm auch die Deutsche Uhrenstraße. Der Name hat seinen Grund, denn hier erreicht man über viele Serpentinen die Uhrmacherstadt Furtwangen (9400 Ew.) mit dem ★ *Deutschen Uhrenmuseum (April–Okt. tgl. 9–18 Uhr | Nov.–März tgl. 10–17 Uhr | Eintritt 4 Euro | Robert-Gerwig-Platz 1 | www.deutsches-uhrenmuseum.de)*. Vom Nachbau der Sternenuhr in Stonehenge über chinesische Feueruhren bis hin zu allen Varianten der Schwarzwälder Tüftleruhr ist alles vertreten. *28 km von Waldkirch*

10 km westlich von Furtwangen lohnt sich auf jeden Fall die Wanderung ins *Wildgutachtal*, zur Mutter aller Schwarzwaldmühlen, der fast 200 Jahre alten *Hexenlochmühle (April–Nov. tgl. 9.30–18, Dez.–März Do–Di 10–17 Uhr | Hexenlochstr. 13–14)*. Ein Mix aus Ganghofer-Romantik und Forellenhof-Idyll umschwebt diesen hölzernen Schindelbau in wunderschöner Lage an einem plätschernden Wildbach. Drinnen in der Mühle erfüllen die *Schwarzwaldstuben (Tel. 07723/73 22 | €€)* und ein Souvenirshop weltliche Bedürfnisse.

GÜTENBACH [124 A6]

Gütenbach (1300 Ew.) ist die Heimat der Faller-Häuschen, die wohl nicht nur Miniatureisenbahn-Fans kennen. Ein Shop befindet sich im Hausmuseum *(Mi 13.15–17 und Sa 10–13 Uhr | Eintritt frei | Kreuzstr. 9 | www.faller.de)*, ein Faller-Musterraum, in dem ganze Miniaturwelten aufgebaut sind und wo Schwarzwaldurlauber manches Gebäude, das sie zuvor im Höllental, in Furtwangen oder anderswo in der Gegend gesehen haben, wiederentdecken – originalgetreu im Zwergenmaßstab.

Von Gütenbach aus erreichen Sie in einer gemütlichen Stunde zu Fuß das anrührende Naturdenkmal *Balzer Herrgott* – eine Christusfigur am Kreuz, die über die letzten zwei Jahrhunderte von einer Buche so umschlossen wurde, dass heute nur noch der Kopf des leidvoll blickenden Jesu herausragt. *21 km von Waldkirch*

Insider Tipp

KANDEL [123 F6]

Der Kandel ist der Ski- und Aussichtsberg des Elztals. Er bietet in 1241 m Höhe ein tolles Panorama. Hier starten die Drachenflieger Richtung Elztal, hier treffen sich Alpinisten am großen *Kandelfelsen* zum Klettern. Die 14 km lange und extrem steile Auffahrt von Waldkirch zum Gipfel ist für Radamateure eine der größten Herausforderungen im ganzen Schwarzwald. *14 km von Waldkirch*

Insider Tipp

> DAS HÖCHSTE IM SCHWARZWALD

Zwischen Wutachschlucht und Feldberg geht's von der Eiszeit an die Schneebar

> Der Hochschwarzwald ist das Sahnehäubchen des Schwarzwalds. Noch im Mai ragt zuckerweiß die schneebedeckte Kuppe des Feldbergs (1493 m) weit über das Land, wenn im Tal längst die Wiesen von Butterblumen überschwemmt, die Kirschbäume im Markgräfler Land von Blüten wattiert und die Freiburger Bächle von Barfüßlern durchwatet werden.

Den märchenhaften Titisee und die von jahrtausendealter Erdgeschichte durchwitterte Wutachschlucht verdankt der Hochschwarzwald der letzten Eiszeit. Der *Naturpark Südschwarzwald* hat dazu einen Wanderführer „Spuren der Eiszeit" herausgegeben. Er ist im *Haus der Natur (Dr.-Pilet-Spur 4 | Feldberg | Tel. 07676/93 36 10 | www.naturpark-suedschwarzwald.de)* für 5 Euro erhältlich und bietet 30 Touren rund um das Feldberggebiet, die alle zu eiszeitlich geprägten Landschaftsbildern führen.

Bild: Blick auf den Titisee

HOCH SCHWARZWALD

Die Schneebar am Seebuck auf dem Feldberg hingegen ist neueren Datums und kündet vom Massentreiben auf der Schneeinsel Baden-Württembergs. Die heilklimatische Höhenluft und die landschaftliche Vielfalt des Hochschwarzwalds, seine verträumten Hochtäler, die dunklen Wälder, die Panoramaplateaus und die subalpinen Gipfel, machen diese Region zu einem einzigartigen Paradies für Wanderer und seit einigen Jahren auch für Mountainbiker.

TITISEE-NEUSTADT

[128 A–B2] **Die Doppelstadt (12 000 Ew.) wurde von Verwaltungsreformern 1974 in ihre Ehe gezwungen, ein bis heute nicht ganz ausgestandenes Trauma.** So verschieden sind die beiden Teile, dass

Europas größte Naturschanze

sie noch immer ihr Eigenleben führen. Titisee, erst um 1900 touristisch entdeckt, zuvor ein Bauerndorf, verdreht heute Touristen aus aller Welt den Kopf. Das Mittelzentrum Neustadt, ein Handwerks- und Industriestädtchen aus dem 13. Jh., hält mit Behörden, Schulen und Geschäften den Hochschwarzwald am Laufen. Titisees Wahrzeichen ist der 40 m tiefe, 1,5 km lange See, das Neustadts die kühn geschwungene Gutachtalbrücke, die in einem 100 m hohen Bogen den Talausgang überspannt.

SEHENSWERTES

HOCHFIRSTSCHANZE ★

Der Heimathorst der Schwarzwald-Adler liegt im Schmiedsbachtal, fünf Gehminuten vom Bahnhof Neustadt entfernt. Die Weltcupsprungschanze in Neustadt erlaubt Weiten bis zu 145 m. Sie ist damit die größte Naturschanze Europas. Außerhalb der Wettkämpfe ist die Schanze frei zugänglich. Die großen Springen finden meist im Februar statt. *Infos: Weltcup-Büro | Sebastian-Kneipp-Anlage 2 | Tel. 07651/97 24 12 | www.weltcupskispringen.de*

HOCHFIRSTTURM

Eine schmale Röhre aus Blech und Stahl, fast 30 m hoch, steht als Aussichtsturm auf dem Neustädter Hausberg Hochfirst. Von hier oben verliert die Welt ihren Schrecken, die Vogesen sehen aus wie ein zerknülltes Butterbrotpapier, die Alpen wie zerkrümeltes Schaumgebäck. Zum Gipfel führt eine schmale Straße, hinaufzuwandern ist aber schöner; dann hat man sich auch zur Belohnung die Einkehr im gutbürgerlichen *Berggasthaus Hochfirst (Mai–Nov. Mi–Mo geöffnet, Di nur bis 16, Dez.–Apr. Di. geschl. | Tel. 07651/75 75 | €)* verdient. Knapp unterhalb des Gipfels starten die *Wälder Drachenflieger* von einer abenteuerlichen Holzrampe zu ihren Flügen über den Titisee.

MÜNSTER ST. JAKOBUS

Die katholische Pfarrkirche von Neustadt ist zwar erst 100 Jahre alt, dennoch nimmt der neugotische Bau eine dominierende Stellung im Stadtbild ein. Der Marienaltar ist eine

Nachbildung des Riemenschneider-Altars in Creglingen, der Turm erinnert an große gotische Vorbilder.

TITISEE ★

Selbst im größten Trubel bewahrt der Titisee seine gravitätische Ruhe und strahlt kühle Gelassenheit aus – auch wenn Surfer, Tret- und Ruderboote ihn bevölkern und sich an der Strandpromenade, Goldküste genannt, Busreisende drängen. Der Spitzname geht auf den Rummel und die dicht an dicht stehenden Andenkenläden zurück, mit denen sich manch einer eine goldene Nase verdient. Der 1,3 km große Bergsee ist ein Überbleibsel der letzten Eiszeit. Ein bequemer Spazierweg führt fast ganz um den See herum. Rundfahrten finden ab Strandpromenade Seestraße statt. Dort können Sie aber auch selbst ein Boot mieten.

ESSEN & TRINKEN

JOSEN

Imposanter Schwarzwaldgasthof im Seitental Jostal. Viel Hausmachererfahrung; die Steaks stammen aus der eigenen Limousin-Rinderzucht. *Do geschl. | Jostalstr. 90 | Tel. 07651/91 81 00 |* €€€

OBERES WIRTSHAUS

Das alte Schwarzwald-Gasthaus heißt eigentlich Hirschen, ist im kleinen Nebental Langenordnach aber nur als Oberes Wirtshaus bekannt. Einheimische schätzen es wegen der sehr guten bürgerlichen Küche, der Vesper aus eigener Schlachtung, der Kuhstallbesichtigungen für Kinder und wegen des Tratsches am Ofentisch. *Di geschl., Mi ab 17 Uhr | Langenordnach 12 | Tel. 07651/14 26 | www.oberes-wirtshaus.de |* €–€€

SONNE-POST

Sehr gut geführtes Speiselokal und Hotel *(19 Zi.)* im friedlichen Ortsteil Waldau. Erstklassige, saisonal orientierte Küche in heimeliger Atmosphäre. *Mo geschl. | Tel. 07669/910 20 | www.sonne-post.de |* €€

SPITZENHÄUSLE

Insider Tipp

In der urigen Einheimischenkneipe ist die Gaststube seit 1900 nahezu unverändert. Der Kachelofen bullert und die Portionen sind geeignet,

MARCO POLO HIGHLIGHTS

★ **Titisee**
Eine Perle der Natur mit einer Goldküste für Touristen (Seite 89)

★ **Feldberg**
Ski- und Wandergipfel für jedermann (Seite 93)

★ **Wutachschlucht**
Grand Canyon des Hochschwarzwalds (Seite 99)

★ **St. Peter**
Barockes Erbe der Benediktinermönche (Seite 97)

★ **Hochfirstschanze**
Der Heimathorst von Martin Schmitt und Sven Hannawald (Seite 88)

★ **Schluchsee**
Der größte Stausee des Schwarzwalds (Seite 98)

Holzfäller zu erschlagen. *So, Juni–Sept. auch Sa geschl. | Scheuerlenstr. 22 | Tel. 07651/75 58 | €*

EINKAUFEN

HILPERTENHOF

Beim rührigsten Selbstvermarkter des Hochschwarzwalds finden Sie direkt ab Hof Spezialitäten aus eigener Schlachtung, Schinken, Speck, Dosenwurst. *Mo–Sa 14–18 Uhr, Sa vormittags auf dem Neustädter Wochenmarkt, Kurbadstraße | Hilpertenhof 21 | Langenordnach | www.hilpertenhof.de*

UHREN

Die letzte Kuckucksuhrenfabrik der Stadt ist die *Hönes GmbH (Mo–Fr 7.30–12 und 13–15.30 Uhr | Bahnhofstr. 12);* große Auswahl an Schwarzwälder Uhren. Alte Uhrenraritäten aus dem Schwarzwald verkauft und repariert *Antik Kiefer (nach Vereinbarung | Richard-Schirrmann-Str. 8 | Tel. 07651/75 00). Brunners Welt der 1000 Uhren (tgl. 9–18.30 Uhr | Seestr. 10 und 19)* bietet eine große Ausstellung von Schwarzwälder Kuckucksuhren.

Je höher der Sprung, desto besser die Aussicht: Trampolinspringen am Titisee

ÜBERNACHTEN

BÄREN NEUSTADT

Traditionsreicher Familienbetrieb zentral im Ortskern von Neustadt gelegen. Das Haus ist modern ausgestattet und bietet ein überdurchschnittliches Restaurant. Beliebt als Bikertreff. *19 Zi. | Restaurant Mi geschl. | Hauptstr. 20 | Tel. 97651/*

15 15 | Fax 44 07 | www.baeren-neustadt.de | €€

BÄREN TITISEE

Anspruchsvolles Haus, das gekonnt den Charme der vorletzten Jahrhundertwende mit modernstem Wellnesskomfort verbindet. Ein spezieller Luxus ist dabei das Kaiserin-Sissy-Bad. Ausgezeichnetes Restaurant. *36 Zi. | 25 Apt. | Neustädter Str. 35 | 07651/80 60 | Fax 80 66 04 | www.baeren-titisee.de | €€–€€€*

Insider Tipp

SCHWARZWALD-HOTEL TITISEE

Ältestes Hotel und seit über 100 Jahren die Nummer eins am Titisee. Trümpfe sind die herrliche Lage am Seeufer, modernste Hallenbad- und Saunalandschaft, gelobte Küche und der Zimmerstandard. *80 Zi. | Seestr. 10 | Tel. 07651/80 50 | Fax 81 16 | www.schwarzwaldhotel-trescher.de | €€€*

SEEHOTEL WIESLER

Schönes Ferien- und Wellnesshotel direkt am Titisee, familiär geführt, mit Sonnenwiese, eigenem Strandzugang, Badelandschaft, Kosmetikfarm, Bootsverleih und kreativer badischer Küche. Wegen seiner vorbildlichen Energie- und Bewirtschaftungsmaßnahmen ausgezeichnet mit dem Landes-Umweltpreis Baden-Württemberg. *26 Zi. | Strandbadstr. 5 | Tel. 07651/980 90 | Fax 98 09 80 | www.seehotelwiesler.de | €€*

AM ABEND

Junge Leute treffen sich in der kleinen Cocktailbar *Bacio (So–Do bis 2, Fr und Sa bis 5 Uhr | Salzstr. 5 | €€)* in der Unterstadt. Freunde der Musik und der Kleinkunst zieht es ins *Cultur-Kaffee Posthäusle (Di–So 18.30–2 Uhr | Freiburger Str. 10)*.

FREIZEIT & SPORT

GOLF

Die Golfanlage Hochschwarzwald (9 Loch) zwischen Titisee und Hinterzarten gehört zu den topografisch anspruchsvollsten und landschaftlich reizvollsten Golfplätzen des Landes.

>LOW BUDGET

- Im *Hotel-Restaurant Alemannenhof (22 Zi. | Titisee | Bruderhalde 21 | Tel. 07652/911 80 | Fax 705 | www.hotel-alemannenhof.de)* bekommt jedes Geburtstagskind, auch die erwachsenen, ein Menü à la carte kostenlos. Wer Geburtstag hat, kann auch allein hingehen und wird ebenfalls beschert.
- In Schluchsee veranstaltet der Revierförster kostenlose Führungen für Kinder und Erwachsene. Die Touren heißen „Wald mit allen Sinnen" oder „Hirschbrunft" und beginnen teilweise um Mitternacht oder in den frühen Morgenstunden *(Tel. 07676/77 32)*.
- Auf dem Wilmershof im Langenordnachtal bei Neustadt ist das selbst gemachte Bauernhof-Sahne-Eis aus frisch gemolkener Milch der Renner. Man kann beim Eismachen zuschauen und die Kinder so lange kostenlos in der Spielscheune oder auf dem Abenteuerspielplatz toben lassen. *(Familie Fehrenbach | Schwärzenbach 11 | Tel. 07651/97 15 52 | www.wilmershof.de)*.

Driving Range 7, Übungsanlage 15, Sa/So 20 Euro | Tel. 07651/93 57 77

KLETTERN

Bis zu 18 m hoch ist der Abenteuer-Kletterpark „Action-Forest" im Wald am Hirschbühl bei Titisee. Parcours aller Schwierigkeitsgrade ermöglichen das Schweben, Klettern, Schwingen und Balancieren in den Wipfeln alter Baumriesen. *April, Mai und Mitte Sept.–Nov. tgl. 10–19, Juni–Mitte Sept. tgl. 10–20 Uhr | Eintritt 3,50 Euro für 3,5 Stunden | Neustädter-Str. 41*

AUSKUNFT

KURVERWALTUNG TITISEE

Im Kurhaus | Tel. 07651/980 40 | Fax 98 04 40 | www.titisee.de

ZIELE IN DER UMGEBUNG

BREITNAU [127 F2]

Breitnau (1900 Ew.) ist ein lang gezogenes, sonniges Dorf auf der Höhe über dem Höllental. Der Ort ist der ideale Ausgangspunkt für schöne Streifzüge in die wildromantische *Ravennaschlucht,* die in das Höllental hinunterführt, und gleichzeitig den Start- und den Endpunkt des *Heimatpfades Hochschwarzwald (Infos: Tel. 07652/91 09 11)* markiert. Dessen ausgeschilderte Route führt vorbei an etlichen Mühlen, Hofsägen, Löffelschmieden und alten Schwarzwaldhöfen, die zum Teil auch besichtigt werden können.

Zwei gastronomische Adressen in Breitnau sind besonders empfehlenswert: Direkt an der B 500 liegt *Kaisers Tanne (36 Zi. | Tel. 07652/120 10 | Fax 12 01 59 | www.kaisers-tanne.*

> „HORN HEIL"

Gaudi und Wahnsinn: Hornschlittenrennen

Mindestens ein Fahrer und ein Horn müssen die Ziellinie überqueren, dann wird der Schlitten gewertet, auch wenn er sonst als Kleinholz auf der Strecke geblieben ist. ▶▶ Hornschlittenrennen im Hochschwarzwald sind eine Mischung aus Gaudi, Wahnsinn und Sport. Die riesigen hölzernen Bauernschlitten mit zwei markanten Hörnern werden von zwei Piloten gesteuert. Bei ihren Rennen in St. Märgen (meist am Neujahrstag), Waldau (Fasnachtssonntag), Hinterzarten (Anfang März) oder Menzenschwand müssen sie erst Hohlwege, Haarnadelkurven, Steilhänge und Sprungschanzen bewältigen, im Ziel dann Unmengen von Hornschnaps. *Infos: Hornochsen Neustadt, Christian Döbele, Tel. 07651/36 76, www.hornochsen.de*

Breitnau: Mehr Heile-Welt-Szenerie geht kaum. Doch keine Sorge, das Höllental liegt nebenan

de | €€€), ein romantisches Hotel mit raffinierter Küche, in der sich elsässische und badische Traditionen vereinen. Im rustikalen *Hotelrestaurant Faller (Mi und Do geschl. | Im Ödenbach 5 | Tel. 07652/91 94 90 | Fax 919 49 49 | www.hotel-faller.de | €–€€),* sind die selbst gemachten Spätzle- und Röstispezialitäten erklärtes Leibgericht von Ex-Skisprungstar Sven Hannawald. Der wohnt gleich um die Ecke und kommt oft unangemeldet zum Mittagessen. *15 km von Titisee-Neustadt*

EISENBACH **[128 B1]**

Das ehemalige Bergbaudorf (2200 Ew.) ist mit seiner ruhigen Weltabgeschiedenheit idealer Ausgangspunkt für Wanderungen und Radtouren. Große Prachthotels oder spektakuläre Events wird man hier nicht finden, dafür aber romantische Ferien auf dem Bauernhof, eine einmalige Sammlung historischer Schwarzwalduhren, eine Mineralienausstellung und ein Vogelkundemuseum mit 160 ausgestopften heimischen Vögeln in der Heimatstube der komplett aus Holz konstruierten *Wolfwinkelhalle (Mo–Fr 10–12 und 14–16 Uhr | Eintritt frei | Bei der Kirche 6)* sowie solide bäuerliche Gastronomie, z. B. im denkmalgeschützten *Schneckenhof (9 Zi. | Oberschollach 4 | Tel. 07657/18 21)* im Ortsteil Schollach. Vor 100 Jahren hat dort der damalige Schnecken-Wirt den ersten Skilift der Welt gebaut. *10 km von Titisee-Neustadt*

FELDBERG ★ ▶▶ **[127 F2–3]**

Die höchste Erhebung des Schwarzwalds (1493 m) lockt mit ihrem alpinen Skizirkus bis in den Mai Wintersportler aus dem ganzen Land in den Hochschwarzwald.

Die ganze Feldbergregion ist auch ein einmaliges Wandergebiet, egal, ob Sie sich auf der *Kuppe am Seebuck* bewegen, wo der Fernsehturm als Wahrzeichen in den alpinen Himmel ragt, oder ob Sie die urtümlichen Täler Richtung Menzenschwand, Oberried oder Hinterzarten erkunden. Der Premiumwanderweg „Feldberg-Steig" führt auf einer 12 km langen Route über Pfade mit

Insider Tipp

atemberaubenden Ausblicken einmal rund um den Gipfel.

Der eiszeitliche *Feldsee* gehört zu den weiteren magischen Anziehungspunkten. Man erreicht ihn nur zu Fuß und wird belohnt durch die bäuerlich geprägte Küche (unbedingt Bibbeleskäs probieren) des uralten *Raimartihofs (Mi–Mo bis 19 Uhr | Tel. 07676/226 | €–€€).* Weitere bewirtete Wanderhütten sind im zu Unrecht fast unbekannten, wild zerklüfteten Zastler-Tal die *Zastler-Hütte (Fr–Mi 10–18 Uhr | Tel. 07676/244 | €),* das *Berggasthaus Grafenmatt (Fr–Mi 9–17 Uhr | Tel. 07676/332 | €)* direkt am Skihang Grafenmatt, auf dem Weg vom Herzogenhorn Richtung Menzenschwand die *Krunkelbachhütte (tgl. 9–19 Uhr | Tel. 07675/338 | €)* oder, vom Herzogenhorn Richtung Todtnau-Gschwend, das *Berggasthaus Gisiboden (Nov.–Mai Sa/So 10–19, sonst Di–So 10–19, Mo 10–15 Uhr | Tel. 07671/99 98 21 | €).* An der Nordseite des Feldbergs lohnt die Einkehr in die *Baldenweger Hütte (Di–So 10–19 Uhr | Tel. 07676/353).* Alle die hier aufgezählten Hütten bieten auch ein kleines Kontingent an Betten,zum Teil aber in Massenlagern.

Am Seebuck-Parkplatz steht das *Haus der Natur* des *Naturschutzzentrums Südschwarzwald (Di–So 10–17 Uhr | Tel. 07676/933 60 | Eintritt 2,50 Euro)* mit Dauerausstellungen zu den Themen Holz- und Weidewirtschaft, Wintersport und Naturschutz. Ein 1,8 km langer Wichtelpfad *(15. Mai–10. Nov.)* präsentiert kindgerecht die Wunder und Geheimnisse der subalpinen Feldbergnatur. Start ist 200 m vom *Haus der Natur*. Ein gastronomischer Abstecher lohnt sich in den Ortsteil Falkau zum *Gasthaus Peterle (Do. geschl. | 07655/677 | €€),* in dem vom Wildschweinbraten bis zum Forellenfilet gekonnt die ganze Heimat auf den Teller gebracht wird. *20 km von Titisee-Neustadt*

Bis in den Mai fahren Snowboarder und Skifahrer vom Feldberg ab

FRIEDENWEILER-RÖTENBACH [128 B2]

Die kleine Doppelgemeinde (2000 Ew.) markiert den Übergang vom Hochschwarzwald in die Landschaft der Baar. Sie ist idealer Ausgangspunkt für Wanderungen in die wildromantische Rötenbachschlucht, die auf abenteuerlichen Wegen wiederum in die Wutachschlucht führt. Blickfang in Friedenweiler ist das ehemalige Frauenkloster und Schloss, in dem heute eine Seniorenresidenz untergebracht ist. Die Klosterkirche mit Originalmauern aus dem 15. Jh. hat von 1725–1729 der berühmte Barockbaumeister Peter Thumb ausgestattet. Im Rathaus *(Hauptstr. 24 | Mo–Fr 8.30–12, Di 14–16, Do 14–18.30 Uhr)* sind zwei Ausstellungsräume den für diesen Ort typischen Kunsthandwerkszweigen Geigenbau und Hinterglasmalerei gewidmet. *7 km von Titisee-Neustadt*

HINTERZARTEN [127 F2]

Hinterzarten (2600 Ew., 12 km von Titisee-Neustadt) ist die Perle des Schwarzwalds. Der noble Kurort, Zuhause der Springerfamilie Thoma, hat dem heimischen Skisport mit dem *Schwarzwälder Skimuseum (Di, Mi, Fr 15–17, Sa/So 12–17 Uhr | Eintritt 2,50 Euro)* ein Denkmal gesetzt. Alles andere als ein Museumsstück ist die *Adlerschanze,* die jährlich im August, wenn hier das traditionelle *Sommerskispringen (Infos: Hinterzarten Breitnau Tourismus GmbH | Freiburger Str. 1 | Tel. 07652/12 06 42 | www.hinterzarten.de)* mit allen Stars der Weltelite stattfindet, zum Mittelpunkt einer riesigen Party wird. Prominenz aus Show, Wirtschaft und Politik steigt ab im Fünf-Sterne-*Parkhotel Adler (78 Zi. | Adlerplatz 3 | Tel. 07652/12 70 | Fax 12 77 17 | www.parkhoteladler.de | €€€),* einem der ältesten (seit 1446) und führenden Hotels in Deutschland, in dem Marie Antoinette schon nächtigte.

Eine knappe Gehstunde außerhalb, im Ortsteil *Alpersbach,* finden Sie im Gasthof *Zur Esche* im Waldhotel Fehrenbach *(14 Zi. | Mi geschl. | Tel. 07652/919 40 | Fax 91 94 10 | www.waldhotel-fehrenbach.de | €€€),* einem schmucken Bauernhaus, den gastronomischen Kräuterpapst der Region. Insider Tipp

Ein von den Einheimischen gehüteter Ausflugs-, Picknick- und Badetipp ist der verschwiegen in einem Hochtal gelegene *Mathisleweiher.* Er ist vom Ortsteil *Erlenbruck* rund 5 km entfernt; den letzten Kilometer müssen Sie zu Fuß gehen. Insider Tipp

Richtung Titisee gelangen Sie nach einem lockeren Spaziergang in das geschützte Hinterzartener Hochmoor, eine Hinterlassenschaft der Eiszeit, die mit schmalen Holzbohlenwegen erschlossen ist.

Ins liebliche, 15 km entfernte Dreisamtal [127 E1] wandert man von Hinterzarten aus über den Hinterwaldkopf (5 km) und die *Höfener Hütte (10 km | Mai–Nov. tgl. ab 11 Uhr, sonst nach Witterung | Tel. 07661/33 24 | €),* eine zur Vesperwirtschaft umgebaute Viehütte.

HÖLLENTAL [127 F2]

Obwohl das sagenumwobene Tal durch die dominierende B31 viel von seinem früheren Liebreiz verloren hat, bietet es noch immer kulturhistorische Schätze und unvergleichliche Naturerlebnisse. Die *St. Oswald-Kapelle* gilt als älteste Kirche des Hochschwarzwalds, 1147 von einem lokalen Ritter gestiftet. Im Innern befinden sich ein üppig mit Knochen und Schädeln gefülltes, leider etwas verwahrlostes Beinhaus und die Kopie

Schöne Schwingungen: Rokokobibliothek im Kloster St. Peter

des Schnitzaltars aus dem Jahr 1520. Den Schlüssel für die Kapelle muss man sich an der Rezeption des nahe gelegenen Hotels *Sternen (44 Zi. | Tel. 07652/90 10 | Fax 10 31 | www.hofgut-sternen.bestwestern.de | €€)* abholen. Hier hat 1779 Johann Wolfgang von Goethe genächtigt und gespeist, weshalb es beim Hotel nicht nur ein Goethe-Haus mit Goethe-Zimmer, sondern auf der Speisekarte auch das Goethe-Menü gibt. Rund um das Hofgut Sternen herrscht zwar viel touristischer Rummel, unter anderem eine Schau-Glasbläserei, aber hier finden Sie auch den Einstieg in die *Ravennaschlucht,* und es lockt der Blick auf das 100 m hohe Ravenna-Eisenbahnviadukt der Höllentalbahn.

Am Ausgang des Höllentals thront immer noch, wie schon seit 75 Jahren, der Kupferhirsch auf seinem *Felsen am Hirschsprung,* sprungbereit, um auf der anderen Seite den Fels zur Ruine der *Burg Falkensteig* zu erklimmen. Ihre kargen Reste kleben wie ein Geiernest in den Felszacken und sind vom Hirschsprungparkplatz in knapp zehn (steilen) Gehminuten zu erreichen. *15–20 km von Titisee-Neustadt*

LÖFFINGEN **[128 B–C 2–3]**
Ein romantisches Städtchen (8000 Ew.), zu dessen mittelalterlichem Kernort sechs höchst unterschiedliche dörfliche Ortsteile gehören. So etwa Dittishausen mit dem Schwarzwald-Wildpark, Bachheim mit seinen Wanderpfaden in die Wutachschlucht hinunter oder Göschweiler mit der Rochus-Kirche aus dem 9. Jh., dem vermutlich ältesten Gebäude zwischen Freiburg und Donaueschingen.

Im Löffinger Wahrzeichen, dem Maienländer-Tor, hat der Verein der Laternenbrüder ein kleines Narrenmuseum eingerichtet, das auf Anfrage *(Tel. 07654/400)* besichtigt werden kann. Das *Heimatmuseum (Mo–Fr 9–12 und 14–17.30 Uhr)* im Gebäude der Touristeninformation führt in Löffingens Frühgeschichte und zeigt eiszeitliche Mammutzähne, die in einer nahen Kiesgrube gefunden wurden, ebenso wie Ausgrabungen aus der Zeit der alemannischen Besiedlung. Insider Tipp Im *Heilkräuterstüble (Am Maienländer Tor | 07654/160 60)* lernen Sie Löffingens Heilkräuterpapst Peter Spiegel kennen, der Sie zur Führung auf den Heilkräuterlehrpfad (7 km) oder in den „Kräutergarten der Bibel" mitnimmt. *12 km von Titisee-Neustadt*

ST. MÄRGEN **[128 A1]**
Von St. Märgen (1900 Ew.) und der Hochebene zwischen Kandel und Insider Tipp Feldberg haben Sie die beste Panoramasicht im ganzen Schwarzwald. Die barocke *Klosterkirche* von 1718 *(Führungen Mai–Okt. | Infos: Tel. 07669/91 18 17)* ist mit ihren markanten Zwillingstürmen das optische Wahrzeichen St. Märgens. Im März, April und Oktober finden in St. Märgen große Pferdeveranstaltungen statt: *Züchtertag, Pferdemarkt, Festumzug,* alle drei Jahre der *Tag des Schwarzwälder Pferdes (Infos: Tourist Information St. Märgen | Rathausplatz 1 | Tel. 07669/91 18 17 | Fax 91 18 40 | www.st-maergen.de).* Spektakuläre und gut ausgeschilderte Routen führen ins *Hexenloch,* zu den *Zweribachwasserfällen* oder in das Bannwaldgebiet *Wildgutach,* wo aufgegebene Höfe von der Wildnis wieder zurückerobert werden. *18 km von Titisee-Neustadt*

ST. PETER ★ **[127 F1]**
Das Kloster von St. Peter (2500 Ew.), 1093 gegründet, ist bis heute kulturelles und geistliches Zentrum des Hochschwarzwalds geblieben.

Die schöne *Klosterkirche,* im Barockstil nach einem Brand 1724 bis 1727 neu errichtet, birgt ein sehenswertes Chorgitter, Gestühl, Stukkaturen und Deckengemälde. Die 1806 aufgehobene Benediktinerabtei beherbergt heute verschiedene Einrichtungen der Erzdiözese Freiburg. Die elegante Rokokobibliothek mit Handschriften aus dem 13. Jh. und der schmuckreiche Fürstensaal können im Rahmen von Führungen *(Infos: Tourist Information St. Peter | Klosterhof 11 | Tel. 07660/91 02 24 | www.st-peter-schwarzwald.de)* besichtigt werden. Das Kloster bietet im Sommer ein reichhaltiges klassisches Konzertprogramm *(Juli–Sept.*

So 11 Uhr) an. *25 km von Titisee-Neustadt*

SCHLUCHSEE ★ **[128 A3]**

Das Wassersportparadies (Segeln, Surfen, Tauchen) Schluchsee (2600 Ew.) ist in den 1920er-Jahren entstanden, als der kleine Eiszeitsee künstlich zu seiner heutigen imposanten Größe (8,73 km lang, bis 1,5 km breit) aufgestaut wurde. Die Kavernen und Staubauwerke können nach Voranmeldung *(Führungen nur Do 14 Uhr | Tourist-Information Häusern | Tel. 07672/93 14 15 oder Schluchseewerk AG | Hauptverwaltung: Laufenburg | Säckinger Straße 67 | Tel. 07763/927 80)* besichtigt werden. Die Staumauer mit einer Kronenlänge von 250 m und einer Höhe von 63,5 m ist bis heute das größte Bauwerk im Schwarzwald.

Im Westen der Staumauer liegen im Wald bei dem Weiler *Eisenbreche* Insider Tipp rätselhafte keltische Steinkreise, deren Ursprung und Herkunft die Forscher bisher nicht erklären konnten. Denn nach der allgemeinen Lehrmeinung haben die Kelten im Hochschwarzwald gar nicht gesiedelt. Am *Riesenbühl,* dem Hausberg im Rücken des Orts, hat die Gemeinde nach dem Orkan Lothar aus Sturmholz einen beeindruckenden hölzernen Aussichtsturm errichtet, der den Blick auf den ganzen Schluchsee ermöglicht.

Im Ortsteil *Aha* ist direkt an der B500 das *Hotelgasthaus Auerhahn (70 Zi. | Vorderaha 4 | Tel. 07656/542 oder 974 50 | Fax 92 70 | www.auerhahn.net | €€€)* nicht zu übersehen. Hier werden in rustikaler Umgebung einheimische Spezialitäten serviert.

Ein schöner Rad- und Wanderweg führt von hier aus um den Schluchsee herum und am anderen Seeufer fast unvermeidbar in die rustikale Vesperstube des uralten *Unterkrummenhofs (Mitte Nov.–24. Dez. und Mo geschl., Juli–Sept. kein Ruhetag | Tel. 07656/15 00 | €),* der schläfrig unter seinem Walmdach döst. Man sieht ihm jedenfalls nicht an, dass er ganz modern durch Sonnenenergie versorgt wird.

Das *Hotel Vier Jahreszeiten (209 Zi. | Am Riesenbühl | Tel. 07656/700 | Fax 703 23 | www.vjz.de | €€€)* bietet außer gehobener Gastronomie ein abwechslungsreiches Sport-, Wellness- und Unterhaltungsprogramm. *23–30 km von Titisee-Neustadt*

WUTACHSCHLUCHT ★ [128 B–C3]
Die mit Abstand interessanteste und schönste Schlucht des Schwarzwalds ist ein erdgeschichtliches Lesebuch. Vor rund 70000 Jahren ist die Wutach, vom Feldberg kommend, noch in die Donau abgeflossen, in der beginnenden Würmeiszeit ist sie dann bei Blumberg umgeschwenkt Richtung Hochrhein. Ihr gesamtes prähistorisches Tal hat sie mit allem Zubehör an Flora und Fauna gewissermaßen mitgenommen, sodass Geologen, Biologen und Archäologen in großes Entzücken geraten, wenn sie das blank gelegte Schichtprofil studieren. Für Wanderer sind die rund 35 km zwischen dem Einstieg bei Neustadt/Kappel-Gutachbrücke und dem Ausstieg bei Blumberg einfach ein grandioses, urwaldartiges Naturparadies, eine Art Grand Canyon des Schwarzwalds mit bis zu 200 m hohen Felswänden. Die gesamte Schlucht mit ihren 2500 Pflanzenarten steht unter Naturschutz. Die jeweiligen Sektionen des *Schwarzwaldvereins (Bismarckallee 2 a | Freiburg | Tel. 0761/398 79)* halten die Wanderwege und die teilweise gewagten Holzstege in Schuss und bieten kostenlos Wanderkarten an. Der Wanderführer „Naturenergie Wutachregion“ *(Solarforum-Hochschwarzwald e.V. | Tel. 07654/74 15 | Fax 92 17 76 | www.naturenergie-wutachregion.de)* führt zu historischen Flusskraftwerken, zu Windmühlen, Solaranlagen und Biolandwirten rund um die Schlucht). *5–30 km von Titisee-Neustadt*

Die Wutachschlucht entzückt Wissenschaftler und ganz normale Wanderer gleichermaßen

> ZWISCHEN HIMMEL UND ABGRUND

Erkunden Sie die Höhen und Tiefen des Schwarzwalds gemütlich in Auto und Bahn oder radeln Sie rings um den Feldberg herum

Die Touren sind auf dem hinteren Umschlag und im Reiseatlas grün markiert

1 MIT DEM AUTO DURCH DEN NORDSCHWARZWALD

Die Schwarzwald-Hochstraße B 500 von Baden-Baden nach Freudenstadt ist die berühmteste und älteste Touristenstraße des Schwarzwalds. Entlang dieser Strecke sollten Sie möglichst viele Stopps mit kleineren und größeren Spaziergängen einlegen, um die schönsten Punkte zu erreichen. Insgesamt fahren Sie etwa 60 km – ganz gemütlich an einem Tag.

Bild: Am Mummelsee

Von Baden-Baden aus geht's die Schwarzwald-Hochstraße zunächst serpentinenreich und steil auf die **Bühlerhöhe** *(S. 36)* hinauf. Nach 8 km sind die Kammlagen erreicht. Ab hier führt die Hochstraße auf der Scheitelhöhe eines lang gezogenen Höhenzugs quer durchs Gebirge.

Den ersten Stopp sollten Sie am bekanntesten, leider auch überlaufensten See des Nordschwarzwalds einlegen, am ★ **Mummelsee**, der seinen Namen

AUSFLÜGE & TOUREN

den weißen Seerosen verdankt, im Volksmund Mummeln, die einst hier wuchsen. Die Sagen von Trollen, Nixen und Hexen am Mummelsee inspirierten auch große Geister; Eduard Mörike etwa zu seiner Ballade „Die Geister am Mummelsee". Am Ufer steht das alte *Berghotel Mummelsee (28 Zi. | Seebach | Tel. 07842/992 86 | www. berghotel-mummelsee.de | €€).*

Der See liegt an der Flanke der markanten, breitschultrigen Hornisgrinde, die als höchster Berg des Nordschwarzwalds (1164 m) beste Ausblicke in die Rheinebene und auf die umliegenden Höhenzüge bietet. Zum Aussichtsturm haben sich auch einige Windrotoren gesellt. Unterhalb des Gipfels erstreckt sich ein oft nebelumhülltes Hochmoor, das durch Bohlenwege erschlossen ist.

Der nächste Aussichtspunkt, die Passhöhe **Ruhestein**, ist idealer Ausgangspunkt für Wanderungen.

Ein Sessellift trägt die Wanderer von dort hinauf zum **Seekopf**. Am Ruhestein lohnt auch Spaziergang zum malerischen Insider Tipp *Wildsee*, wie der Mummelsee ein eiszeitlicher Karsee. Der Wildsee ist kleiner und abgelegener als der Mummelsee. Sie finden das „finstere Auge des Schwarzwalds", eingerahmt von 120 m hohen Felswänden an der Ostseite des Ruhesteins, indem Sie von der Gipfelstation des Sessellifts Ruhestein einem ebenerdigen Wanderweg ca. 2 km zum Aussichtspunkt **Wildseeblick** folgen. Von dort führt ein steiler Abstieg hinunter zum menschenleeren Ufer.

6 km weiter, an der nächsten Station, dem **Schliffkopf** (1055 m), haben Sie so etwas wie den kleinen Bruder der Hornisgrinde. Seine weitgehend waldfreie Hochfläche mit Heide- und Hochmoorcharakter, steht seit 1965 unter Naturschutz. Ein 5 km langer Rundweg führt um den Gipfel herum und bietet phantastische Aussichten ins Renchtal und Richtung Baiersbronn. Zurück im Auto erreichen Sie nach weiteren 10 km die **Alexanderschanze**. Die historische Verteidigungsanlage ist noch recht gut erhalten, ebenso wie in unmittelbarer Nähe die **Schwedenschanze** und die **Schwabenschanze**. Nach rund 40 km durch traumhafte, bewaldete Höhen taucht das einzige Dorf an der Route auf: **Kniebis** (1500 Ew.). Der abgeschiedene Ort ist eine Oase mitten im Wald, ehe es die letzten 15 km steil hinunter Richtung Freudenstadt geht.

2 NOSTALGIE AUF DER SCHWARZWALD-BAHN

Die fast 140 Jahre alte ★ Schwarzwald-Bahn von Offenburg nach Konstanz ist die imposanteste Gebirgsbahn Deutschlands. Die Fahrt beginnt in Offenburg und endet in Villingen. Im Stunden-

Die Heide- und Hochmoorflächen lassen sich oft bequem auf Bohlenwegen erwandern

takt starten in Offenburg Züge Richtung Villingen. Die Fahrt dauert rund 90 Min. Der spektakulärste Abschnitt erwartet Sie zwischen Hausach und St. Georgen. Hier bewältigt die Bahn in einer knappen Stunde 36 Tunnel und 140 Brücken.

In zwei riesigen Doppelschleifen unterhalb und oberhalb des Bahnhofs Triberg schlängelt sich die Bahn auf 26 km Schienenstrecke knapp 470 m in die Höhe. Die über 30 Tunnel (der Längste ist der 1700 m lange Sommerau-Tunnel) lassen manchmal nur wenige Sekunden Zeit, um von einer waghalsigen Bergnase herunter in den Abgrund zu blicken. An etwa zehn Terminen ab Pfingsten werden dreistündige „Romantikfahrten" angeboten. Los geht es jeweils um 14 Uhr in Triberg; die Fahrt führt im Fotografiertempo unter sachkundiger Zugbegleitung nach St. Georgen und wieder zurück. Info und Anmeldung: *Tourist-Information Triberg | Tel. 07722/86 64 90 | Fax 95 32 36 | www.schwarzwaldbahn.net | 18 Euro*

3 RADWANDERN RUND UM DEN FELDBERG

Die einzigartige Landschaft rund um den Feldberg ist von einem Netz gut ausgeschilderter Fahrradrouten durchzogen. Eine der schönsten, aber schwierigsten Tagestouren führt einmal um den Feldberg-Gipfel und zeigt Ihnen auf 35 km über Waldwege und Sträßchen Berg- und Tallandschaften mit grandiosen Aussichten.

Die Tour startet auf dem Parkplatz beim Bahnhof Bärental. Von dort rollen Sie durch luftigen Bergwald auf einer Teerstraße bis hinunter ins **Bärental**. Dann führt ein ungeteerter Wanderweg ca. 5 km gemächlich bergwärts zum idyllisch gelegenen *Feldsee*. Am Berggasthof **Raimartihof** *(S. 94)* vorbei gelangen Sie auf meist ebenem, zuletzt ansteigendem Waldweg nach 5,5 km bis **Rinken**, dem Aussichtspunkt hoch über Hinterzarten.

Nun geht es in abenteuerlicher Abfahrt 1 km um den Berg herum in den so genannten **Rinkendobel**. Wer nur bequem talwärts fahren will, der hat fast 10 km stetige Abfahrt durch den Bergwald des **Zastlertals** vor sich, bis nach **Oberried**, und von dort nochmals 4 km abwärts bis **Freiburg** *(S. 68)*, von wo ihn die Höllentalbahn zurück zum Ausgangspunkt der Tour bringt. Wenn Sie aber eine kurze Anstrengung nicht scheuen, nehmen Sie scharf links den etwa 1 km langen Anstieg zur **Zastler-Hütte** *(S. 94)* in Angriff und werden belohnt durch eine zünftige Einkehrmöglichkeit und einen herrlichen Rundblick über das Zastler- und Oberriedertal. Nach weiteren 2,5 anstrengenden Kilometern sind Sie auf 1400 m Höhe und haben den Feldberg-Gipfel beinahe umrundet. Ab hier rollt es von allein, immer an der Bergflanke entlang, nach 1,5 km vorbei an der **St. Wilhelmer-Hütte** *(Fr geschl. | Tel. 07676/342 | €)* und dann 1 km hinunter zur **Todtnauer Hütte** *(tgl. 9–18 Uhr | Tel. 07676/373 | €)*. Von dort fahren Sie auf einem geteerten Wanderweg zum Parkplatz an der Talstation des Seebuck-Sessellifts. Sie folgen dem schmalen Weg Richtung Liftstation und fahren an dieser vorbei in den Wald. Schilder weisen Sie Richtung Feldseekessel. Auf einem breiten Schotterweg, 7,5 km stetig bergab, gelangen Sie wieder an den Feldsee und von dort weiter talwärts ins 4 km entfernte Bärental.

Insider Tipp

EIN TAG IM SCHWARZWALD

Action pur und einmalige Erlebnisse.
Gehen Sie auf Tour mit unserem Szene-Scout

LOUNGE-FRÜHSTÜCK

8:00

Der Tag beginnt lässig in Pforzheim: Im *Chic* kann man American Toast, Rührei mit Remoulade und Mexican Nachos in gemütlicher Oriental-Style-Atmosphäre genießen. Einfach in die Ledersofas fallen lassen oder auf die Fensterbänke lümmeln und den Tag stressfrei beginnen. **WO?** *Pfälzerstraße 5, Pforzheim | www.chic-pforzheim.de*

10:00

KLETTERN IM FLUSSBETT

Gut gestärkt geht es ins Grüne. Tief durchatmen, Gurt anlegen und von der Brücke ins wildromantische Flussbett der Murg abseilen. Unten angekommen braucht man gutes Gleichgewicht und Konzentration, denn wer beim Klettern über die großen und kleinen Felsen daneben tritt, landet schnell im Wasser. **WO?** *Adventure World, Murgtal-Arena, Schifferstraße 1, Forbach, Anmeldung nötig: 07228 96 91 70, Kosten: ab 16 Euro | www.show-team.de*

LUNCH IN DER BURG

12:00

Auf der *Burg Windeck* wird jetzt Mittelalterluft geschnuppert. Tief einatmen und dabei die Atmosphäre wirken lassen. Beim Blick über Rheintal und Vogesen schmeckt das Essen besonders gut. Wie wär's mit Steak vom Charolais-Rind auf Zwiebeljus mit Bohnengemüse und Serviettenknödeln? **WO?** *Kappelwindeckstraße 104, Bühl/Baden | www.burg-windeck.de*

14:00

UND... SCHNITT

Wie entsteht eine Fernsehsendung und wie viele Leute braucht man dafür? Diese und mehr Fragen werden auf einer Führung durch die *SWR* Studios Baden-Baden beantwortet. Beim Blick hinter die Kulissen sollte man immer schön lächeln, denn schließlich weiß man ja nie, ob man nicht fürs TV entdeckt wird! **WO?** *Hans-Bredow-Straße, Baden-Baden, Anmeldung nötig: 07221 929 46 46 | www.swr.de*

24 h

KAFFEEKLATSCH

16:30

Jetzt steht Erholung im *Café König*, dem Szeneliebling der Badener VIPs, auf dem Programm. Auf der Terrasse unter der alten Riesenkastanie lässt sich das Leben und Treiben der City bestens beobachten. Dazu gibt's den stadtbekannten Espresso und ein Löffelchen Schokokaviar. Die kleinen Schokokügelchen in der blauen Dose sind die Spezialität des Hauses. **WO?** *Lichtentaler Str. 12, Baden-Baden | www.chocolatier.de*

17:30

HOCH ZU ROSS

Pferd zäumen, lässig einen Fuß in den Steigbügel stellen und sich in den Sattel schwingen. Im Reitclub beweisen Anfänger bei einer Longenstunde ihren Mut, Fortgeschrittene zeigen ihr Können während einer Springstunde. **WO?** *Reitclub Baden-Baden e.V., Buchenweg 42, Baden-Baden, Anmeldung nötig: 07221 559 20 | www.reitclub-baden-baden.de*

WOHLFÜHLTERMIN

18:00

Sharira-Abhyanga nennt sich die Ganzkörper-Synchron-Massage, während der man jetzt so richtig entspannt. In der Wellness-Villa im *Haus Victoria* werden dazu spezielle Ayurveda-Öle verwendet, die vorher individuell auf jeden Typ abgestimmt werden. **WO?** *Sophienstraße 3, Baden-Baden, Anmeldung nötig: 07221 30 21 01, Kosten: ca. 115 Euro | www.selinda.de*

21:00

ROCK IM BERG

Noch schnell einen Snack an einer der vielen Imbissbuden Pforzheims genießen und dann nichts wie rein ins Nachtleben. Gefeiert wird im *plus+IML*, einem Kellergewölbe-Club, der direkt in einen Berg gebaut ist. Eine große Wendeltreppe führt zum Eingang in luftiger Höhe. Dort erwartet einen Party pur – nichts wie hin! **WO?** *St.-Georgen-Steige 12, Pforzheim | www.plus-iml.de*

> RASANT ODER LIEBER ELEGANT?

Im Schwarzwald nehmen Tempobolzer Ski und Mountainbike – andere schweben durch die Natur

> Der Schwarzwald ist traditionell ein Wintersportgebiet, vor allem der Nord- und der Hochschwarzwald. Die herrliche Landschaft lädt aber auch zum Wandern, Rad fahren und Skaten ein. Einige Seen sind Surf- und Segelreviere. Wer es beschaulich mag, kann angeln, golfen, Ballon fahren und Gleitschirm fliegen.

ABENTEUERSPORT

Angebote zu Wildnis- und Abenteuertouren gibt es vor allem im Hochschwarzwald mit Klettern, Bogenschießen, Kanufahren und Überlebenstraining. Wochenpauschalen ab 50 Euro. *Zwerger & Raab (Hinterzarten | Freiburger Str. 31 | Tel. 07652/ 54 94 und 56 06 | Fax 54 04 | www.zwerger-raab.de); Naturintensiv Thomas Merkle (Titisee-Neustadt, Tel./ Fax 07651/93 55 09, | www.thomas-merkle.de); Vertikal-Reisen (Todtnau | Halbtauenstr. 1 | Tel. 07671/96 95 90 | Fax 969 59 20 | www.vivkg.de).*

Bild: Golfplatz Titisee-Neustadt

SPORT & AKTIVITÄTEN

ANGELN

In fast allen Seen und größeren Flüssen ist Angeln grundsätzlich erlaubt, Sie müssen sich aber über die jeweilige Kurverwaltung eine Angelkarte besorgen.

BOGENSCHIESSEN

Ein Bogensporthotel unterhält in Eisenbach die Familie Wursthorn mit dem Hotel Bad *(36 Zi. | Tel. 07657/471 | Fax 15 05 | www.bogensporthotel.de | €€)*. Es gibt einen Feld- und Jagdbogenparcours. Zum Hotel gehören auch eine Bogensporthalle und zwei Fita-Plätze (70 und 90 m).

Insider Tipp

GLEITSCHIRM

Gleitschirmflüge *(Schnupperkurs 1 Tag 80, 2 Tage 120 Euro)* bietet im Nordschwarzwald *Sky Sports Bent Beilharz (Sankenbachstr. 76 | Baiersbronn | Tel. 07442/12 24 12 | Fax 12 24 16 | www.sky-sports.de)*. Im

Südschwarzwald ist die *Drachen- und Gleitschirmschule Skytec (Langackerweg 7 | Freiburg | Tel. 0761/476 63 91 | www.skytec.de)* eine Adresse für Schnuppertage ab 50 Euro.

GOLF

Für Golfer ist der Schwarzwald gewissermaßen Diaspora. Es gibt nicht viele, dafür aber sehr eigenwillige 18-Loch-Plätze in landschaftlich einmaliger Lage. Einen Gesamtüberblick bietet die Broschüre „Golfen im Schwarzwald", die Sie kostenlos bekommen *(Tel. 018 05 66 12 24 | prospektservice@schwarzwald-tourist-info.de)*.

KLETTERN

Die durchaus anspruchsvollen Kletterfelsen am Westhang des Schwarzwaldes unterliegen saisonalen Beschränkungen, die man am besten bei der örtlichen Touristeninformation erfragt. Etwa 4 km vom Zentrum Baden-Badens entfernt liegt am Berg Battert der berühmte *Battertfelsen* mit seinen 400 Kletterrouten *(Info Stadtverwaltung Tel. 07221/ 93 15 01)*. Die größte Auswahl an offiziellen Kletterfelsen aller Schwierigkeitsgrade bieten die Landkreise Waldshut *(Tel. 07751/860)* und Breisgau-Hochschwarzwald *(Tel. 0761/218 73 73)*, beide im Südschwarzwald.

NORDIC WALKING

Innerhalb kurzer Zeit hat sich dieser Sport vom Trend zur Massenbewegung entwickelt. Über 60 Gemeinden im Schwarzwald werben mit Nordic Walking und bieten fürs flotte Gehen mit Stöcken Touren und Lehrgänge an. Infos unter *www.nordic-walking-infos.de* oder *prospektservice@schwarzwald-tourist-info.de | Tel. 018 05 66 12 24.*

RADFAHREN

Die Broschüre „Radurlaub Schwarzwald" *(Info- und Prospektservice Schwarzwald | Tel. 018 05 66 12 24 |*

Der Schwarzwald ist für Mountainbiker eine der attraktivsten Gegenden Deutschlands

Prospektservice@schwarzwald-tourist-info.de) bietet Vorschläge für 40 Rad- und Mountainbiketouren, listet alle Radfernwege auf, informiert über die Pauschalarrangements „Radwandern ohne Gepäck" und nennt 70 Adressen fahrradfreundlicher Hotels und Pensionen. Tourenübersichten gibt es auch unter *www.rad-schwarzwald.info* und *www.schwarzwaldbike.de*.

SCHNEESCHUHWANDERN

Im Zuge des Trapper-Trends bieten Skischulen und Kurverwaltungen vor allem im Hochschwarzwald geführte Wanderungen an. Am Feldberg sind schon mehrere offizielle Trails ausgeschilderte.

WANDERN

Im Schwarzwald sind hunderte Kilometer Wanderwege ausgeschildert. Jede Gemeinde pflegt ein eigenes Wegenetz. Überregional gibt der *Schwarzwaldverein (Schlossbergring 15 | 79089 Freiburg | Tel. 0761/38 05 30 | www.schwarzwaldverein.de)* Tourenempfehlungen. Der bekannteste Wanderweg quer durch den Schwarzwald ist der Westweg von Pforzheim nach Basel, den man in mehreren Tagesetappen abwandern kann. Wer unterwegs nicht in Hotels übernachten will, ist gut versorgt mit den Wanderheimen des Touristenvereins *Naturfreunde (Alte Weingartener Str. 37 | 76227 Karlsruhe | Tel. 0721/40 50 96 | www.naturfreundehaeuser.de)*. Voranmelden!

WASSERSPORT

Das schönste Segel- und Surfrevier ist der *Schluchsee*. Tauchkurse bietet dort die *Tauchschule M. Lang (Tel. 07656/98 89 47)*. Ein schönes Segelgewässer ist auch der *Nagoldtalsee (Infos: Segelvereinigung Nordschwarzwald e.V. | Seestr. 62 | 72297 Seewald-Erzgrube | Tel./Fax 07051/507 43)*. Wildwasserfahrten auf den Schwarzwaldflüssen sind wegen des Naturschutzes meist nur zu bestimmten Zeiten erlaubt und nur für Fortgeschrittene ratsam. Ansprechpartner ist der *Badische Kanu-Verband e.V. (Mutterstadt | Rosenstr. 11 | Tel. 06234/92 86 03 | Fax 92 86 04 | www.kanu-baden.de)*.

WINTERSPORT

1891 wurde am Fuß des Feldberges in Todtnau der erste Skiclub Deutschlands gegründet. Seither ist die Feldbergregion (900–1500 m) das alpine Zentrum des Schwarzwaldes, heute mit einer über 20 Liftanlagen umfassenden Skiarena, darunter anspruchsvolle schwarze Pisten wie die FIS-Strecke am Ahornbühl. In guten Wintern beginnt die Saison am Feldberg Ende November und endet Anfang Mai.

Weniger sportliche, sondern mehr familiäre alpine Angebote bietet im nördlichen Schwarzwald die Skiarena Schwarzwald-Hochstraße (700–1000 m). Als nordisches Zentrum mit zahlreichen attraktiven Loipen hat sich im Mittelschwarzwald die Region um Triberg, Schonach, Schönwald und St. Georgen (900–1200 m) etabliert. Ausgesprochene Snowboardgebiete – teils mit eigenen Snowboardliften – sind ▶▶ Hinterzarten und der Seebuck am Feldberg. Ski- und Schneetelefon für den ganzen Schwarzwald *07676/12 14*.

> AUF IN DEN BARFUSSURLAUB

Familienfreundliche Kurorte übertreffen sich gegenseitig mit ihren Kinderferienangeboten

> Der Schwarzwald ist geradezu prädestiniert für Familienferien. Fast alle Kurorte bieten in den Urlaubsmonaten Kinderprogramme an.

Das sind tägliche Spiel- und Animationspartys, oft in Freibädern oder auf Bauernhöfen. Es gibt auch Spannendes in freier Natur, z. B. Wanderungen mit dem örtlichen Revierförster. Ferienorte mit besonders vielen Angeboten und Einrichtungen für Kinder sind in Baden-Württemberg mit dem Prädikat „familienfreundlich" ausgezeichnet, im Schwarzwald zählen mehr als 20 Orte dazu.

NÖRDLICHER SCHWARZWALD

ADVENTURE-GOLFPARK ENZKLÖSTERLE [121 D4]

In Enzklösterle wartet das abenteuerliche Minigolferlebnis für die ganze Familie. Schwarzwaldtypische Bahnen, als Flussauen, Wälder, Bergwie-

Bild: Brunnenanlage auf dem Markplatz von Freudenstadt

MIT KINDERN REISEN

sen oder Felsen gestaltet, verlangen besonderes Geschick. Die Golfbälle müssen über Steine, Holzkugeln oder einen Wasserfilm dirigiert werden. *Di–So 10–18, Mai–Sept. bis 20 Uhr | Eintritt 4 Euro | Kinder 2 Euro*

Insider Tipp

BARFUSSPARK DORNSTETTEN [125 D1]

Ein außergewöhnliches Kinderparadies ist der Barfußpark in Dornstetten. Hier müssen bzw. dürfen Kinder (und Erwachsene) einen 2,5 km langen Abenteuerpfad barfuß absolvieren. Der Weg führt durch Matsch und Wasser, über Kies und Rinde, über Wiesen- und Waldboden. *Mai–Okt. tgl. 9–18 Uhr | Eintritt frei*

MITTLERER SCHWARZWALD

TAUBERGIESSEN BOOTSFAHRTEN [122–123 C–D3]

Das Taubergießen-Naturschutzgebiet am Altrhein bei Kappel-Grafenhausen (4900 Ew.) gilt als eines der schönsten Flussauengebiete in Europa. Das Geflecht von Kanälen, Tümpeln, Sümpfen und Bächen umfasst rund 18 km². In dieses geschützte Dschungelgebiet darf man mit Booten fahren. Für einen Familienausflug empfiehlt sich professionelle Führung *(Taubergießen-Bootsfahrten Kirner | Kappel-Grafenhausen | Turmstr. 18 | Tel. 07822/ 86 58 34 | www.taubergiessen-bootsfahrten.de | pro Person 10 Euro, Kinder bis 12 Jahre 6 Euro)* durch Leute, die die schönsten Stellen und die sichersten Routen kennen.

PARK MIT ALLEN SINNEN GUTACH [124 A4]

2100 m Waldweg, die barfuß zu bewältigen sind. Auf dem Rundkurs massieren Sand, Kiesel, Schlamm, Rindenmulch, Tannenzapfen und Gräser die Fußsohlen. Für Kinder gibt es Stationen, an denen sie Tiergeräuschen lauschen, Felle streicheln, Waldgerüche riechen und die Köpfe in hohle Baumstämme stecken können. *Mai–Sept. 10–19, Juli und Aug. 10–20, Okt., März und Apr. 10–18 Uhr | Eintritt 4 Euro | Kinder ab 3 Jahre 3 Euro*

SÜDLICHER SCHWARZWALD

BARFUSSPFAD BAD SÄCKINGEN [127 E6]

In Bad Säckingen lockt ein 420 m langer Barfußpfad mit Wildgehege *(Beschilderung: Rote Füße Barfußpfad)*. Auch hier müssen Kinder über Sand, Kies, Rindenmulch, Matsch und durch Wasser. Vor allem der Matschplatz ist ein Anziehungspunkt, es empfiehlt sich, die Kinder gleich in Badehosen loszuschicken. *Eintritt frei*

BERGWILDPARK STEINWASEN [127 E2]

Der Bergwildpark Steinwasen in Oberried bei Freiburg ist ein Mix aus Zoo, Wildpark und Freizeitpark. Das macht den in einer felsigen Bergwelt angelegten Park so spannend. Über

Klasse Alternative, wenn es in der Ferienwohnung mal Krach mit Mama gibt: ein Iglu

die 216 m lange Erlebnisseilbrücke schwingt man in 30 m Höhe über einer Schlucht. Es gibt eine Sommerrodelbahn, den achterbahnähnlichen „Gletscherblitz“ und den „Spacerunner“. *März–Mitte Mai 10–17, Mai–Sept. tgl. 9–18, Okt.–April tgl. 10–17 Uhr | Landstr. 126 | www.steinwasen-park.de | Eintritt inkl. Fahrgeschäfte 18 Euro | Kinder 15 Euro*

LAGUNA-BAD WEIL [126 C5–6]

Südbadens größtes Freizeitbad liegt in Weil am Rhein. Hauptattraktion ist eine Riesenrutsche. Wasserfälle, das Wellenbad, ein Gegenstromkanal, Grotten, Kletterseile und die Laguna-Wasserbrandung beschäftigen die Kinder ohne Unterlass. *Mo 14–22, Di–Do 10–22, Fr 10–23, Sa 9–22, So 9–18.30 Uhr | Am Sportplatz 1 | Eintritt Tageskarte Mo 8,50, Di–Fr 10, Sa und So 10,50 Euro, Kinder 6, 7,50 und 8 Euro | am Geburtstag (Ausweis mitnehmen) freier Eintritt*

HOCHSCHWARZWALD

AQUA FUN SCHLUCHSEE [128 A3]

Das Freibad direkt am Ufer des Schluchsees ist das landschaftlich schönste Spaßbad des Schwarzwalds. Die 80 m lange Riesenrutsche führt direkt in den See. Für Animationsprogramm (Kinderspiele im Wasser, am Strand und auf der Liegewiese) sorgt eine Riesenente, das Schluchsee-Maskottchen „Paddel-Paule“. *Mai–Sept. tgl. 9–19 Uhr | Eintritt 3,80 Euro, Kinder 2,20 Euro*

SCHWARZWALDPARK LÖFFINGEN [128 B2]

Die schöne Parkanlage liegt im Löffinger Ortsteil Dittishausen und ist mit den Freigehegen für einheimische Tiere (Wildschweine, Damwild, Wölfe, Luchse, Bergziegen) und einige Exoten (Affen, Bisons) besonders geeignet für einen Familienausflug.

Garant für gute Laune: Mit der Piratencrew einen der vielen Seen unsicher machen

Überall im Park sind Grillplätze (Insider Tipp) angelegt. Sommerrodelbahn, Wildwasserbahn, Mini-Motorbike-Parcours, Floßfahrten, Modellbootfahren und eine Greifvogelschau sorgen für Abwechslung. Der zentrale Eingangsbereich des Parks ist überbaut mit einer Riesenkletterburg. Auf der „Park-Arena“, eine Art Openairbühne, werden Shows und Animationsprogramme geboten. *Apr.–Juni 10–18, Juli–Sept. 9–20, Okt., Nov. 10–18 Uhr | Wildparkstr. | Eintritt 8 Euro | Kinder 5 Euro | Fahrgeschäfte kosten extra*

> VON ANREISE BIS WETTER

Urlaub von Anfang bis Ende: die wichtigsten Adressen und Informationen für Ihre Schwarzwaldreise

ANREISE

AUTO

Von Norden nehmen Sie auf der A 8 Karlsruhe–Stuttgart die Ausfahrt Pforzheim. Die A 5 Frankfurt–Basel bietet westliche Anbindungen wie Baden-Baden, Offenburg und Freiburg. Im Osten tangiert die A 81 Stuttgart–Singen den Schwarzwald; wichtigste Anschlüsse sind Horb, Oberndorf, Villingen-Schwenningen und Geisingen. Von Süden sind die wichtigsten Zugänge die B 317 ab Lörrach und die B 500 ab Waldshut.

BAHN

Von den Intercity-Bahnhöfen Karlsruhe, Offenburg, Freiburg und Baden-Baden fahren die Schwarzwaldbahn Offenburg-Donaueschingen und die Höllentalbahn Freiburg-Titisee-Schluchsee in den Schwarzwald. Fahrradmitnahme kostet ab 100 km Anreise 9,40 Euro. Bequem ist der Nachtreisezug CityNightLine *(Buchungen Tel. 018 05 14 15 14 | www.citynightline.ch)*.

Wer mehrere Übernachtungen bucht, sollte nach dem Schwarzwald-Ticket fragen. Es bietet günstige Sonderkonditionen bei Anreisen von mehr als 100 km, ist aber nur buchbar über den Ferienort oder bei *Schwarzwald Tourismus GmbH (Tel. 0721/37 20 53 88, tourismus@kmkg.de)*. Die Zuganreise von Osten ist

PRAKTISCHE HINWEISE

nicht empfehlenswert, denn sie führt über weitgehend unbedeutende Nahverkehrsstrecken.

FLUGZEUG

Im Süden ist der Airport Basel-Mulhouse-Freiburg (mit Flughafenbus 60 km bis nach Freiburg) am günstigsten, im Norden der Flughafen Stuttgart. Die Flughäfen Frankfurt, Straßburg und Zürich sind brauchbare Alternativen. Passagierflüge ausschließlich für die Anreise in den Europapark Rust bietet der neue Black Forest Airport in Lahr.

AUSKUNFT

INFO UND PROSPEKTSERVICE SCHWARZWALD, FUTURA MARKETING GMBH

Tel. 018 05 66 12 24 | Fax 018 05 66 12 25 | prospektservice@schwarzwald-tourist-info.de oder *Schwarzwald Tourismus GmbH | Tel. 0761/296 22 71 | Fax 296 22 70 | www.schwarzwald-tourist-info.de*

CAMPING

Im Schwarzwald gibt es rund 70 Campingplätze, die meisten davon bieten auch Wintercamping. Wildes Zelten ist verboten, außer man holt sich die Erlaubnis bei einem Landwirt. Einen guten Überblick liefert die „Campingbroschüre Schwarzwald", kostenlos zu beziehen beim *Info- und Prospektservice Schwarzwald (Tel. 0761/89 79 79 79).*

FERIEN AUF DEM BAUERNHOF

Ein Urlaubsquartier auf einem Hof bedeutet Erlebnis und Spaß für die ganze Familie in idyllischer Natur, mit Tieren zum Anfassen und Produkte aus eigener Herstellung und gibt Einblicke in die landwirtschaftliche Arbeit. Viele Bauern haben Spezialangebote wie etwa die „romantische Heunacht" oder Urlaub auf dem Ponyhof im Programm. Infos unter *www.bauernhofurlaub.de* oder *www.schwarzwald-tourismus.de*, Spezialprospekte über *prospektservice@schwarzwald-tourist-info.de*

INTERNET

Fast alle Hotels und viele Pensionen bieten inzwischen Internetanschluss auf den Zimmern oder in speziellen Lounges, teilweise sogar mit WLAN-Verbindungen.

www.schwarzwald.net – Topadresse für den Schwarzwald. Allgemeine Infos und rund 100 Ortsporträts mit jeweiligen Links. *www.schwarzwald-tourist-info.de* – führt per Link zu allen Urlaubsorten und von dort zu einzelnen Hotels und Freizeiteinrichtungen. *www.schwarzwald-winter.de* – Hinweise auf Lifte und Loipen und aktuelle Schneeberichte. *www.schwarzwald.com* – liefert alle wichtigen Hoteladressen, Veranstaltungen, Sportangebote und Ausflugsziele. Auf *www.schwarzwald.de* gibt es zusätzlich Portraits einzelner Ferienorte. www.schwarzwald-fun.de hat viel Ausflugs- und Tourenempfehlungen für den Süd- und Hochschwarzwald. Auf www.wetteronline.de gibt es das ausführliche Schwarzwaldwetter. www.schwarzwald-geniessen.de bietet eine Auswahl guter Einkaufsadressen für Essen und Trinken. www.frsw.de – historische Fakten und ausführliche Schwarzwald-Presseschau.

> WAS KOSTET WIE VIEL?

> KAFFEE	2 BIS 3 EURO für eine Tasse
> SKILIFT	10 BIS 25 EURO für eine Tageskarte
> WEIN	3 BIS 5 EURO für eine Viertele
> WURSTSALAT	4 BIS 6 EURO für eine Portion
> DISKO	4 BIS 8 EURO Eintritt
> KURTAXE	1 BIS 2,50 EURO pro Tag

INTERNETCAFÉS

Netzcafé Freiburg (Mo–Fr 10–20, Sa 10–14 Uhr | Freiburg | Kreuzstr. 2 | Tel. 0761/881 73 50 | www.netzcafe-freiburg.de). Internetcafé im Kupferdächle (Di, Mi 18.30–21, Do|Fr 16–21 Uhr | Kallhardtstraße 31 | Pforzheim | Tel. 07231/28 09 50 | www.kupferdaechle.de). Internetjugendcafé (auch für Erwachsene): *CyNet (Mo, Mi, Fr 16–21 Uhr | Rottweil | Im Neuen Rathaus | Tel. 0741/49 43 10 | www.cynet.de).*

Unter www.goyellow.de oder www.cybercafes.com findet man die jeweils dem Urlaubsort nächstgelegenen Internetcafés. www.cyberider hat unter dem Stichwort „Internetcafes" die gleiche Suchfunktion.

JUGENDHERBERGEN

23 Jugendherbergen im Schwarzwald bieten günstige Übernachtungen in schöner Landschaft. Erforderlich ist ein gültiger Ausweis des *Deutschen Jugendherbergswerks.* Informationen und Ausweise beim *Landesverband Baden-Württemberg (Schwieberdingerstr. 62 | 70435 Stuttgart | Tel. 0711/16 68 60 | Fax 166 86 30 | www.djh.de).*

MOTORRAD

Viele Kurorte sind für Motorradfahrer gesperrt, auch manche Bergstrecke (z.B. Schauinsland) darf nicht immer von Motorrädern befahren werden. Trotzdem ist der Schwarzwald mit seinen kurvenreichen Sträßchen ein Eldorado für Motorradfahrer. Etliche Hotels sind besonders auf Biker eingestellt. Einen Überblick bietet der „Motorradführer Schwarzwald", zu beziehen über die Touristeninformation oder über *www.sunrise-bike-travel.de | Gerbergstr. 2 | 79379 Müllheim | Tel. 07631/17 18 95 | Fax 17 18 96.*

NATURSCHUTZ

Große Teile des Schwarzwalds stehen unter Naturschutz. Der gesamte Südschwarzwald und der Nordschwarzwald sind als Naturpark ausgewiesen. Es gelten dort z.T. sehr strenge Regeln (kein Feuer machen, Wege nicht verlassen, Bade- und

Kletterverbot, keine Tiefschneefahrten abseits der Pisten, keine Pflanzen mitnehmen). In den besonders herausragenden Naturschutzgebieten Wutachschlucht und Feldbergregion im Südschwarzwald sind als *Wutachranger* und *Feldbergranger* eigens ausgebildete Naturschützer unterwegs, um auf die Einhaltung der Vorschriften zu pochen und über die Spielregeln zu informieren. Infos bei der *Arbeitsgemeinschaft Naturpark Südschwarzwald e. V. (Dr.-Pilet-Spur 4 | 79868 Feldberg | Tel. 07676/93 36 10 | www.naturpark-suedschwarzwald.de)*.

ÖFFENTLICHE VERKEHRSMITTEL

Unter dem Namen „Konus" (Kostenlose Nutzung des Nahverkehrs) ist 2005 ein Projekt zur Gratisnutzung der öffentlichen Verkehrsmittel für Schwarzwaldurlauber gestartet. Mit einer Konus-Gästekarte dürfen Urlauber Bahnen und Busse in ihrer Ferienregion kostenlos und uneingeschränkt nutzen. Über 70 Orte und sechs Verkehrsverbünde decken fast den gesamten Geltungsbereich im Schwarzwald ab. Die teilnehmenden Orte finanzieren den Service durch einen Aufschlag bei der Kurtaxe von 20 Cent pro Übernachtung. Das beispielhafte Projekt wurde 2006 mit einem Touristikpreis ausgezeichnet.

SCHWARZWALDCARD

Von Juni bis Anfang November bietet die Karte ermäßigten Eintritt in über 150 Freizeiteinrichtungen im Schwarzwald (u. a. Europapark, Museen, Bergbahnen, Schaubergwerke, Spaßbäder). Sie kostet 28 Euro (Kinder 18) bzw. 50 Euro (Kinder 40) mit Europa-Park, und kann innerhalb von zehn Tagen an drei beliebigen Tagen unbegrenzt genutzt werden. Die Karte gibt es bei allen Kurverwaltungen und in vielen Hotels oder bei der *Schwarzwald Tourismus GmbH (Ludwigstr. 23 | 79104 Freiburg | Tel. 0761/296 22 71 | Fax 292 22 77 | www.schwarzwaldcard.info)*.

WETTER IN FREIBURG

	Jan.	Feb.	März	April	Mai	Juni	Juli	Aug.	Sept.	Okt.	Nov.	Dez.
Tagestemperaturen in °C	4	6	11	15	20	23	25	24	21	14	9	5
Nachttemperaturen in °C	-2	-1	2	5	9	12	14	13	11	6	3	-1
Sonnenschein Std./Tag	2	3	5	6	7	8	8	8	6	4	2	2
Niederschlag Tage/Monat	17	15	13	15	15	16	15	14	14	15	17	16

> Die Seiteneinteilung für den Reiseatlas finden Sie auf dem hinteren Umschlag dieses Reiseführers.

REISEATLAS SCHWARZWALD

B
C
Büchelberg
Hagenbach
Deutsche-Alleenstr.
Steinseltz
Cleebourg
Riedseltz
Obere Ringgasse
Bienwaldmühle
DAXLANDEN
Route des Potiers et des Villages Pittoresques
Schleithal
Route du Rhin
Scheibenhardt
Neulauterburg
Berg
Neuburg
Rhein-
Ingolsheim
Salmbach
Scheibenhard
Lauterbourg
Forchheim
Seebach
Niederlauterbach
Neuwiller-près-Lauterbourg
Neuburgweier
stetten
Hunspach
Circuit Touristique Franco-Allemand
Siegen
Au am Rhein
Mörsch
Silberstreif
Schœnenbourg
Oberlauterbach
Niederseebach
Kaidenbourg
Aschbach
Trimbach
Mothern
-Illingen
Würmersheim
Badische Spargelstr.
Hohwiller
Hoffen
Crœttwiller
Stundwiller
Wintzenbach
Leiterswiller
Oberrœdern
Buhl
Eberbach-Seltz
Munchhausen
Elchesheim-
Durmersheim
Kuhlendorf
Betschdorf
Niederrœdern
Schaffhouse-près-Seltz
Bietigheim
Rittershoffen
Hatten
Steinmauern
Neumalsch
Route des Potiers et des Villages Pittoresques
Forêt d'Aschbruch
Seltz
Plittersdorf
Ötigheim
FRANCE
Kesseldorf
Koenigsbruck
Forstfeld
Beinheim
Rhein
Schlosskirche
Ottersdorf
Rastatt
Muggensturm
Kauffenheim
RASTATT
Schloss
Waldprechtsweier
Leutenheim
Winters-dorf
Niederbühl
Rauental
Oberweier
Niederweier
Roppenheim
Soufflenheim
Rœschwoog
Route du Rhin
Deutsch-Franz. Touristikroute
Kuppenheim
Bischweier
Schwarzwald-Bäderstraße
Rountzenheim
Neuhaeusel
Iffezheim
Baden-Baden
Schl.Favorite
Oberndorf
Bad Rotenfels
Auenheim
Schwarzwald-Tälerstraße
Sessenheim
Fort-Louis
Sandweier
Schirrhoffen
Hügelsheim
Haueneberstein
Stattmatten
GAGGENAU
Dengelsheim
Freizeitcent. Oberrhein
Oos
Balg
Selbach
Rhein-
Kleinkanada
Ebersteinburg
Dalhunden
Söllingen
Schiftung
Caracalla Therme
Drusenheim
Karlsruhe
BADEN-
Merkur
Friedrichsbad
Sinzheim
Stollhofen
Leiberstung
Römische Badruinen
Staufenberg
Herrlisheim
Greffern
münster
Fremers-B.
Schwarzach
Grauelsbaum
Varnhalt
Obertsrot
-BADEN
Hildmannsfeld
Weitenung
Oberbruch
Steinbach
R.Yburg
Weisenbach
Herrlisheim
Ulm
Lichtenau
Badische Spargelstr.
Vimbuch
Neuweier
Geroldsauer Wasserfälle
Offendorf
Scherzheim
Moos
Müllenbach
Eisental
Bütthof
Helmlingen
Balzhofen
Bühl
Affental
Scherrhof
Muckenschopf
Zell
Altschweier
Bühlertal
Eierkuchen-B.
Oberweier
Hatzenweier
Schwarzwald-Hochstraße
Bermersbach
Memprechtshofen
Oberwasser
Kappelwindeck
Bücheibach
Streitmannsköpfe
Rheinau
Deutsch-Franz. Touristikroute
Kurhaus Plättig
Schlosshotel Bühlerhöhe
Seebach
Freistett
Gamshurst
Ottersweier
Badener Höhe
Rheinbischofsheim
Sasbachried
Hatt
Neusatz
Herrenwies
Hausgereut
Badische Weinstraße
Lauf
Sand
Hoher Ochsen-K.
Hohbühn
Großweier
Sasbach
Hundseck
Schönbr.
Mehlis-K.
Holzhausen
Achern
Obersasbach
Glashütte
Deutsch-Französische Touristikroute
Nägelis-K.
Erbersbronn
Fautenbach
Sasbachwalden
Hohritt
Hundsrücken
Hundsbach
Wagshurst
Önsbach
Oberachern
Hornisgrinde
Schurmsee
Schönmünz
Seibelseckle
Hinterer
Mösbach
Kappelrodeck
Hint Langeck
Renchen
Mittlerer
Zwickgab
Mummelsee
Renchtal
Ulm
Waldulm
Furschenbach
Langenbach
Badische Weinstraße
Ottenhöfen
Seebach
Leinkopf
Großhal
Erlach
Haslach
Ringelbach
Pfälzerkopf
Schönmünz
Urloffen
Stadelhofen
Vogels-K.
Ruhestein
Zimmern
Unterwasser
Mitte/N
Zusenhofen
Tiergarten
Wolfhag
Sand
Appenweier
Schwarzwald-Hochstraße
Eichberg
Obertal
Kohlwald
Nußbach
Allerheiligen
Sohl-B.
Oberkirch
Schliffkopf
Appenweier
Nesselried
Maisenbühl
Lautenbach
Allerheiligenfälle
Buhlbach
Burg-K.
Mitteltal
Windschläg
Griesheim
Bottenau
Lierbach
Bohlsbach
Ebersweier
Buhlbachsee
Hoher Kopf
Bühl
Stöcken
Ödsbach
Roßbühl
Schwarzwald-Bäderstraße
Waltersweier
Rammersweier
Durbach
Ramsbach
Zell-Weierbach
Brandeck-K.
Zuflucht
Friedri
Fessenbach
Hohenberg
Oppenau
Bad Antogast
Kniebis
Maisach
A35
A5
E35
E52
D263
D34
D28
D3
N63
D37
D4
500
462
36
28
3
9
5
1
2
3
4
5
6
11
12
13
16
17
18
19
21
24
25
33
38
45
46
123

KARLSRUHE
Staatl. Kunsthalle
Schloss
Schwarzwaldhalle
Zoo
DURLACH
GRÖTZINGEN
Pfinzgau-Mus.
Berghausen
Söllingen
Wolfartsweier
Hohenwettersbach
Grünwettersbach
RÜPPURR
Dreieck Karlsruhe
ETTLINGEN
Ettlingen
Palmbach
Stupferich
Kleinsteinbach
Untermutschelbach
Obermutschelbach
Karlsbad
Wald-bronn
Ettlingenweier
Busenbach
Bruchhausen
Spessart
Reichenbach
Oberweier
Schluttenbach
Schöllbronn
Etzenrot
Spielberg
Langensteinbach
Auerbach
Karls-bad
Deutsch-Franz. Touristikroute
Walzbach-tal
Rinklingen
Dürrenbüchig
Bretten
Knittlingen
Wössingen
Waldtierpark
Ruit
Pfinz-tal
Wöschbach
Sprantal
Kleinvillars
Traishof
Königsbach-Stein
Nußbaum
Neu-lingen
Bauschlott
Ölbronn-Dürrn
Ötisheim
Singen
Remchingen
Göbrichen
Wilferdingen
Bilfingen
Eisingen
Kieselbronn
Enzberg
Erle
Darmsbach
Nöttingen
Kämpfelbach
Ersingen
Ispringen
Dietenhausen
Badische Weinstr.
PF-West
PF-Nord
PF-Ost
Niefern-Öschelbronn
Eutingen
Ellmendingen
Schwarzwald-Bäderstr.
Keltern
Dietlingen
BRÖTZINGEN
Schmuckmuseum
PFORZHEIM
Wildpark
Weiler
Niebelsbach
DILL-WEISSENSTEIN
Seehaus
Alpengarten
Hotel Fischweier
Rudmersbach
Gräfenhausen
Birkenfeld
Obernhsn.
Ittersbach
Ottenhausen
Huchenfeld
Burbach
Deutsche Alleenstr.
Marxzell
Pfaffenrot
Fahrzeugmuseum
Pfinzweiler
Feldrennach
Arnbach
Büchenbronn
Würm
Straubenhardt
Schielberg
Langenalb
Schwann
Conweiler
Neuenbürg
Büchenbr. Höhe
Schwarzwald-Bäderstraße
Hohenwart
St. Maria Magdalena
Moosbronn
Bernbach
Klosterk.
Rotensol
Dennach
Waldrennach
Engelsbrand
Grunbach
Unterreichenbach
Tiefenbronn
Besucherbergwerk „Frisch Glück"
Salmbach
Schellbronn
Dennjächt
Steinegg
Neusatz
Herrenalb
Bad Herrenalb
Höfen an der Enz
Kapfenhardt
Langenbrand
Bieselsberg
Dobel
Eibergr
Schömberg
Schwarzenberg
Unterlengenhardt
Monakam
Neuhausen
Kurhs.
Loffenau
Wurst-B.
Eyachmühle
Eyach
Charlottenhöhe
Oberlengenhardt
Bad Liebenzell
Calmbach
Maisenbach
Gernsbach
Lautenbach
Schweizerkopf
Teufelsmühle
Deutsche Alleenstr.
Zainen
Beinberg
Unterhaugstett
Bad Wildbad
Hotel
Igelsloch
Oberkollbach
Ottenbronn
Naturpark
Sommerberg
Kleinenzhof
Hirsau
Oberreichenbach
Reichental
Altburg
Calw
Kaiser-Wilhelm-Turm
Hohloh
Hohlohsee
Wildsee
Horn B.
Gütersberg
Lautenhof
Würzbach
Wannen-Ebene
Kaltenbronn
Sprollenhaus
Kl. Enz
Rötenbach
Zavelstein
St. Candidus Kp.
Altheng-stett
Agenbach
Emberg
Bad Teinach
Kentheim
Stammheim
Nonnenmiß
Meistern
Oberkollwangen
Schmieh
Enzklösterle
Hirsch-K.
Gr. Enz
Hünerberg
Aichelberg
Breitenberg
Liebelsberg
Altbulach
Schwäb. Dichterstr.
Neuweiler
Neubulach
Silberbergwerk
Holzbronn
Gültlingen
Schramberg
Schwarzwald
Deutsche Fachwerkstraße
Martinsmoos
Oberhaugstett
Aichhalden
Zwerenberg
Schönbronn
Gompelscheuer
Gaugenwald
Wildberg
Schwarzwald-Bäderstraße
Simmersfeld
Hornberg
Wenden
Ettmannsweiler
Wart
Effringen
Oberjesingen
Sulz
Fünfbronn
Baiermühle
Rotfelden
Schwarzenberg
Beuren
Überberg
Altensteigdorf
Berneck
Ebershardt
Besenfeld
Allmandle
Hochdorf
Ebhausen
Pfrondorf
Kühlen-B.
Göttelfingen
Grömbach
Garrweiler
Altensteig
Nagold
Mindersbach
Emmingen
Schönegründ
Seewald
Wörnersberg
Walddorf
Oberjettingen
Jettingen
Schernbach
Nagoldtalsperre
Egenhausen
Rohrdorf
Röt
Erzgrube
Spielberg
Oberschwandorf
Unterjettingen
Ehem. Klosterkirche
Schwarzwald-Bäderstraße
Beihingen
Nagold
Öschelbronn
Klosterreichenbach
Igelsberg
Kälberbronn
Edelweiler
Unterschwandorf
Mötzingen
Pfalzgrafenweiler
Bösingen
Iselshausen
Deutsche Alleenstr.
Durrweiler
Neunuifra
Haiterbach
Obermusbach
Herzogsweiler
Unterwaldach
Altnuifra
Gündringen
Vollmaringen
Baiersbronn
Waldach
Schietingen
Baisingen
Untermusbach
Frutenhof
Hallwangen
Cresbach
Untertalheim
Hochdorf
Ergenzingen
Hirsch-Kopf
Lützenhardt
Obertalheim
Göttelfingen
Freudenstadt
Grüntal
Hörschweiler
Eutingen
Deutsche
5 km
E52

125

Grendelbruch
Rosheim
Bischoffsheim
Griesheim-près-Molsheim
Innenheim
Blaesheim
Geispolsheim
Lipsheim
Fegersheim
Heidenkopf
787
Klingenthal
Bœrsch
361
D500
Krautergersheim
A35
159
3km
Forêt de Bischoffsheim
Ottrott
Obernai
(181)
Molsheim
Obernai
A travers les Vosges Moyennes
Hindisheim
1026
Kreuzberg
D426
Saint Nabor
Bernardswiller
D422
Niedernai
Meistratzheim
Limersheim
Goxwiller
Goxwiller
D426
Nordhouse
N83
le Neuntelstein
972
Heiligenstein
Valff
Schaeffersheim
Erstein
(150)
le Hohwald
Gertwiller
Barr
Bourgheim
D206
Bolsenheim
Uttenheim
27
Holtzbad
D425
Zellwiller
Zellwiller
Westhouse
Osthouse
Mittelbergheim
Andlau
159
Matzenheim
Grande Belle Vue
857
861
631
Heindenkopf
Eichhoffen
Stotzheim
D5
Kertzfeld
Heussern
Sand
Gerstheim
Breitenbach
Reichsfeld
Bernardville
N422
A travers les Vosges Moyennes
Benfeld
l'Ungersberg
901
D253
Itterswiller
Epfig
18
Albé
Saint-Martin
Villé
Nothalten
Huttenheim
Herbsheim
Triembach-au-Val
Hohwarth
Blienschwiller
D203
D212
Sermersheim
Rossfeld
Dambach-la-Ville
D5
Saint-Maurice
Saint-Bois
662
Thanvillé
E25
Kogenheim
Erstein
Canal du Rhône au Rhin
Route du Vin
D35
Scherwiller
Ebersmunster
Witternheim
Neunkirch
D203
Friesenheim
Neubois
Dieffenthal
Kientzville
Ebersheim
La Vancelle
Scherwiller
N83
Hilsenheim
Zelsheim
Diebolsheim
Val de Villé
Sélestat-Centre
Châtenois
Bindernheim
N59
Route Joffre
Haut Kœnigsbourg
Sélestat-Ouest
Kintzheim
Muttersholtz
Route du Rhin
Saint Georges
Wittisheim
24
D468
F R A N C E
Sélestat
(182)
A35
Sundhouse
Orschwiller
Saint-Hippolyte
Baldenheim
D20
Mussig
Schwobsheim
Saasenheim
12
13
Rodern
Rorschwihr
D424
Bœsenbiesen
Richtolsheim
St-Hyppolyte
Route des Vosges
Route du Rhin
Hessenheim
Schœnau
Artolsheim
Bergheim
Heidolsheim
174
E25
au Rhin
Ribeauvillé
D106
Illhaeusern
Bootzheim
Weisweil
Guémar
Ohnenheim
Mackenheim
Rhein
D1b
Zellenberg
N83
11
D10
Beblenheim
Ostheim
Marckolsheim
Wyhl
Forchheim
Elsenheim
Bennwihr
25
Sigolsheim
Grussenheim
Sasbach
D4
Houssen
Riedwihr
Jebsheim
Königschaffhausen
D10
Kaysersberg
Canal du Rhône
Leiselheim
Holtzwihr
Artzenheim
Jechtingen
Wickerschwihr
Kiechlinsbergen
492
Katharina
Ingersheim
Canal de Colmar
D111
Parc des Expositions
D52
Colmar-Nord
Muntzenheim
Bischoffingen
Kaiserstuhl
COLMAR
Bischwihr
Durrenentzen
Baltzenheim
Oberbergen
Fortschwihr
Burkheim
Musée d'Unterlinden
Wihr-en-Plaine
Urschenheim
Oberrotweil
Vogtsburg
Horbourg-Wihr
Niederrotweil
Bickensohl
557
Maison Pfister
Kunheim
Totenkopf
20
28
Colmar-Sud
Andolsheim
Widensohlen
Oberschaffhausen
Achkarren
Lilienthal
D468
Colmar-Centre
Route Verte
N415
Wasenweiler
18
Biesheim
Ihringen
Sundhoffen
Breisach
Herrlisheim-près-Colmar
Appenwihr
Wolfgantzen
24
Hochstetten
Logelheim
Merdingen
Sainte Croix-en-Plaine
126
Neuf-Brisach
Hettenschlag
Volgelsheim
Vogelgrun
Gündlingen
Weckolsheim
Algolsheim

120
127
OFFENBURG
LAHR/Schwarzwald
FREIB
IM BREISGAU
Naturpark
Schwarzwald
Mitte / Nord
Badische Weinstraße
Badische Weinstr.
Deutsche Uhrenstr.
Schwarzwald Panoramastr.
Frühgotische Kapelle
Route du Rhin
„Mahlberg"
„Schauinsland"
Europapark Rust
Kittersburg
Hohnhurst
Bohlsbach
Weier
Bühl
Waltersweier
Stöck
Rammersweier
Durbach
Brandeck
Zell-Weierbach
Fessenbach
Hohenberg
Käfersberg
Ortenberg
Elgersweier
Hohes-H.
Hinterohlsbach
Schwarzenbach
Mittelbach
Ohlsbach
Sondersbach
Reichenbach
Hintertal
Gengenbach
Nordrach
Zunsweier
Bottenbach
Hofweier
Hohberg
Niederschopfheim
Berghaupten
Oberschopfheim
Diersburg
Strohbach
Dantersbach
Schwaibach
Bergach
Bäumlisberg
Schönberg
Neuhausen
Bermersbach
Steinfirst
Fußbach
Bruch
Zell
Erzbach
Biberach
Unterentersbach
Oberentersbach
Stöcken
Lachen
Steinach
Bollenbach
Haslach im Kinzigtal
Welschensteinach
Hofstetten
Harmersbach
Lochtermannsberg
Biereck
Kirchhöfe
Leimental
Finsterkapf
Fißnach
Ohnheim
Eschau
Plobsheim
Altenheim
Müllen
Langhurst
Schutterwald
Dundenheim
Neuried
Ichenheim
Höfen
Krafft
Meißenheim
Schutterzell
Kürzell
Ottenheim
Schuttern
Friesenheim
Oberweier
Heiligenzell
Allmannsweier
Hugsweier
Schwanau
Nonnenweier
Dinglingen
Burgheim
Kuhbach
Poche
Hohengeroldseck
Emmersbach
Wittenweier
Langenwinkel
Mietersheim
Reichenbach
Prinzbach
Kippenheimweiler
Sulz
Langenhard
Seelbach
Kippenheim
Wittelbach
Kappel-Grafenhausen
Mahlberg
Schmieheim
Orschweier
Rust
Altdorf
Wallburg
Schuttertal
Ettenheim
Ringsheim
Münchweier
Ettenheimmünster
Dörlinbach
Ettenheimweiler
Herbolzheim
Broggingen
Bleichheim
Streitberg
Schweighausen
Tutschfelden
Wagenstadt
Nordweil
Hünersedel
Waldshut
Dürrhöfe
Biederbach
Hohe Eck
Brettental
Untertal
Kenzingen
Helgenreute
Allmend
Illenberg
Bombach
Freiamt
Oberspitzenbach
Schillinger B.
Selbig
Knebis
Elzach
Hecklingen
Mußbach
Niedertal
Dörner
Unterspitzenbach
Katzenmoos
Yach
Riegel
Heimbach
Malterdingen
Landeck
Reichenbach
Oberwinden
Tennenbach
Keppenbach
Siegelau
Winden im Elztal
Endingen
Kaiserstuhl
Köndringen
Mundingen
Gescheid
Niederwinden
Zinken
Hörnle-B.
Teningen
Maleck
Bleibach
Kregelbach
Haslach-simonswald
Nimburg
Emmendingen
Harnischwald
Gutach
Windenreute
Kollmarsreute
Wasser
Kollnau
Siensbach
Bottingen
Sexau
Waldkirch
Unter-simonswald
Reute
Lörch
Obertal
Simonswald
Neuershausen
Holzhausen
Oberreute
Denzlingen
Buchholz
Dettenbach
Kandelwald
Hornkopf
March
Vörstetten
Suggental
Buchheim
Hugstetten
Kandel
Glotterbad
Gottenheim
Benzhausen
Gundelfingen
Heuweiler
Unterglottertal
Oberglottertal
Schönhöfe
Hochdorf
Umkirch
Glottertal
Sägendobel
Seelgut
Zähringen
Am Rain
Föhrental
Ohrensbach
Lehen
Herdern
Roßkopf
Eschbach
Sankt Peter
Sankt Märgen
Freiburg-Nord
Freiburg-Mitte
Offenburg
Lahr
Ettenheim
Rust
Herbolzheim
Teningen
Riegel
E35
E531
5
33
33a
36
294
415
3
Rhein
Elz
Dreisam
Simonswälder Tal

120

Baiersbronn
Freudenstadt
Oppenau
Bad Peterstal-Griesbach
Bad Rippoldsau-Schapbach
Naturpark
Schwarzwald
Mitte / Nord
Ober-harmersbach
Ober-wolfach
Wolfach
Hausach
Haslach im Kinzigtal
Alpirsbach
Loßburg
Schiltach
Freilichtmuseum Vogtsbauernhof
Gutach
Hornberg
Schramberg
Lauterbach
Tennenbronn
Triberg im Schwarzw.
Triberger Wasserfall
Schonach im Schwarzw.
Schönwald im Schwarzw.
Sankt Georgen
Königsfeld im Schwarzwald
Furtwangen im Schwarzwald
Vöhrenbach
Unterkirnach
VILLINGEN-
Mönchweiler
Schwarzwald Bäderstraße
Schwarzwald Täler straße
Deutsche Fachwerkstraße
Deutsche Uhrenstraße
Uhrenmuseum
Brigach-Quelle
Bregquelle (Donau-Ursprung)
Hexenlochmühle
Mooswaldkopf
Rohrhards-B.
Branden-K.
Moos-K.
Brend
Kloster
Münster
Zuflucht
Bad Antogast
Kniebis
Christophstal
Lettstädter Höhe
Glaswaldsee
Hirschbach
Schwarzenbruch
Kaltbrunn
Wüstenbach
Hinterheubach
Sankt Roman
Vorderheubach
Schenkenzell
Kinzigtal
Rötenberg
Aichhalden
Sulgen
Hardt
Buchenberg
Langenschiltach
Peterzell
Neuhausen
Brigach
Stockburg
Oberkirnach
Rohrbach
Langenbach
Schönenbach
Gütenbach
Neukirch
Herzogenweiler
Pfaffenweiler
Rietheim
E531
294
33
462
500
28

128

Haiterbach
Neunuifra
Altnuifra
Unterwaldach
Cresbach
Oberwaldach
Waldach-tal
Lützenhardt
Hörschweiler
Salzstetten
Tumlingen
Dornstetten
Schopfloch
Grünmettstetten
Glatten
Bittelbronn
Gündringen
Schietingen
Untertalheim
Obertalheim
Altheim
Bildechingen
Deutsche Alleenstr.
Horb am Neckar
Hochdorf
Göttelfingen
Eutingen im Gäu
Rohrdorf
Mühlen
Vollmaring
Baisingen
Ergenzingen
Bondorf
Rottenburg
Seebronn
Wolfenhausen
Remmingsheim
Neustetten
Nellingsheim
Rommelstal
Eckenweiler
Weitingen
Bieringen
Börstingen
Sulzau
Obernau
Eyach
Starzach
Felldorf
Ahldorf
Nordstetten
Isenburg
Rexingen
Ihlingen
Dettlingen
Oberiflingen
Dießen
Unteriflingen
Dettingen
Neckar
Betra
Dettensee
Empfingen
Wiesenstetten
Mühringen
Wachendorf
Bietenhausen
Höfendorf
Haigerloch
Bad Imnau
Oberbrändi
Leinstetten
Priorberg
Dürrenmettstetten
Neckarhausen
Fischingen
Mühlheim am Bach
Bittelbronn
Trillfingen
Rangendingen
Fürnsal
Bettenhausen
Glatt
Sulz a.N.
Holzhausen
Renfrizhausen
Weildorf
Schloss
Hohenzollernstraße
Hopfau
Dornhan
Kirchberg
Bergfelden
Stetten
Owinger B.
Marschalkenzimmern
Weiden
Sigmarswangen
Vöhringen
Heiligenzimmern
Gruol
Owingen
Wittershausen
Karpfenbühl
Aistaig
Bochingen
Boll
Oberndorf a.N.
Binsdorf
Erlaheim
Ostdorf
Balingen
Lindenhof
Oberndorf a.N.
Brittheim
Bickelsberg
Rosenfeld
Geislingen
Isingen
Trichtingen
Beffendorf
Altoberndorf
Kleiner Heuberg
Hohenzollernstr.
Heselwangen
Leidringen
Rotenzimmern
Endingen
Hardthausen
Epfendorf
Böhringen
Schlichem
Dautmergen
Erzingen
Frommern
Bösingen
Irslingen
Gößlingen
Täbingen
Dormettingen
Weilstetten
Dürrwangen
Ruine Zimmern
Herrenzimmern
Talhausen
Zimmern unter der Burg
Werkforum
Roßwangen
Dotternhausen
Lochenstein
Schömberg
Plettenberg
Villingendorf
Dietingen
Neukirch
Hausen am Tann
Tieringen
Hochwald
Neckarburg
Wellen unter den Rinnen
Ratshausen
Zepfenhan
Stetten
Rottweil
Kunstmuseum
Münster
Deilingen
Geyerbad
Schörzingen
Flözlingen
Zimmern ob Rottweil
Feckenhausen
Delkhofen
Naturpark
Obernheim
Göllsdorf
Rottweilaltstadt
Wilflingen
Lemberg
Hausen
Wehingen
Horgen
Bühlingen
Wellendingen
Niedereschach
Lauffen ob Rottweil
Gosheim
Reichenbach am Heuberg
Nusplingen
Neufra
Frittlingen
Deutsche Uhrenstraße
Deißlingen
Bubsheim
Egesheim
Aixheim
Denkingen
Obere
Königsheim
Kappel
Weilersbach
Dauchingen
Villingen-Schwenningen
Aldingen
Klippeneck
Böttingen
Schwäbische Albstraße
Dreifaltigk.-B.
Hofen
Donau
Spaichingen
Mahlstetten
Trossingen
Schwäbische Albstraße
Balgheim
3km
Weigheim
Mühlhausen
Schura
Hausen ob Verena
Dürbheim
Kolbingen
Schwenningen
Gunningen
Hohenkarpfen
Neckar-Quelle
Durchhausen
Rietheim-Weilheim
Rußberg
Mühlheim an der Donau
Tuningen
Bad Dürrheim
Stetten

122
126
FRANCE
MULHOUSE
BASEL
LÖRRACH
Neuf-Brisach
Volgelsheim
Vogelgrun
Hochstetten
Merdingen
Gündlingen
Tuniberg
Sainte-Croix-en-Plaine
Hettenschlag
Weckolsheim
Algolsheim
Obersaasheim
Niederhergheim
Niederrimsingen
Oberrimsingen
Grezhausen
Munzingen
Geiswasser
Heiteren
Canal Vauban
Dessenheim
Oberhergheim
Bilzheim
Niederentzen
Oberentzen
Rustenhart
Canal de la Hardt
Hausen an der Möhlin
Bad Krozingen
Nambsheim
Balgau
Munwiller
Meyenheim
Feldkirch
Hartheim
Offnadingen
Schlatt
Bremgarten
Hirtzfelden
Fessenheim
Route du Rhin
Réguisheim
Roggenhouse
Blodelsheim
Hartheim/Heitersheim
Tunsel
Schmidhofen
Eschbach
Ensisheim
Munchhouse
Rumersheim-le-Haut
Grißheim
Heitersheim
Wettelbrunn
Seefelden
Betberg
Buggingen
Ruelisheim
„Battenheim“
Bantzenheim
Zienken
Dattingen
Laufen
Wittenheim
Baldersheim
Battenheim
Chalampé
Hügelheim
Müllheim
Britzingen
Neuenburg
Zunzingen
Niederweiler
Oberweiler
Kingersheim
Illzach
Sausheim
Usine Peugeot
Ottmarsheim
Müllheim/Neuenburg
Röm. Bäder
Badenweiler
Vögisheim
Lipburg
Auggen
Dr. Neuenburg
Badische Weinstraße
Feldberg
Steinenstadt
Napoléon
Riedisheim
Rixheim
Hombourg
Mauchen
Obereggenen
Schloss Bürgeln
Käsacker
Blauen
Schliengen
Niedereggenen
Parc Zoologique
Hôtel de Ville
Canal du Rhône au Rhin
Grand Canal d'Alsace
Liel
Feuerbach
Vogelbach
Habsheim
Petit-Landau
Bad Bellingen
Hertingen
Sitzenkirch
Brunstatt
Zimmersheim
Eschentzwiller
Niffer
Riedlingen
Bamlach
Tannenkirch
Kandern
Bruebach
Rheinweiler
Gupf
Dietwiller
Landser
Blansingen
Holzen
Glashüttenhof
Kembs
Klein-kems
Efringen-Kirchen
Welmlingen
Hammerstein
Steinbrunn-le-Bas
Schlierbach
Wintersweiler
Mappach
Nebenau
Schlächtenhaus
Geispitzen
Huttingen
Istein
Wollbach
Sierentz
Isteiner Klotz
Egringen
Rantzwiller
Kœtzingue
Uffheim
Schallbach
Wittlingen
Rechberg
Fischingen
Magstatt-le-Bas
Magstatt-le-Haut
Bartenheim
Rosenau
Eimeldingen
Rümmingen
Burg Rötteln
Haagen
Hauingen
Binzen
Stetten
Zaessingue
Brinckheim
Dr. Weil am Rhein
Märkt
Saint-Louis-la-Chaussée
Kappelen
Lörrach-Mitte
Ötlingen
Haltingen
Franken
Helfrantzkirch
Village-Neuf
Jettingen
Blotzheim
Saint-Louis
EuroAirport Basel-Mulhouse
WEIL a. Rhein
Lörrach Ost
Michelbach-le-Bas
Ranspach-le-Bas
Ranspach-le-Haut
Huningue
Berentzwiller
Riehen
Hésingue
Attenschwiller
Michelbach-le-Haut
Kleinbasel
Inzlingen
Degerfelden
Knœringue
Hégenheim
Bettingen
Grenzach-Wyhlen
Buschwiller
Neu-Allschwil
Münster
Hist. Mus.
Kunstmuseum
Birsfelden
Steinsoultz
Muespach
Folgensbourg
Allschwil
Zoolog. Garten
St. Jakob
Neuwiller
Muespach-le-Haut
Wentzwiller
Schönenbuch
Kaiseraugst
Oppentzwiller
Hagenthal-le-Bas
Hagenthal
Werentzhouse
Binningen
Oberwil
Muttenz
Pratteln
Augst
3km

FREIBURG I. BREISGAU
123
Freiburg-Mitte
LEHEN
Sankt Nikolaus
Opfingen
Freiburg-Süd
E. Koidl-Bad
HASLACH
SANKT GEORGEN
Wolfenweiler
Leutersberg
Schallstadt
Ebringen
Schönberg 644
Pfaffenweiler
Norsingen
Ehrenstetten
Bollschweil
Hexental
Sölden
Wittnau
Au
Merzhausen
GÜNTERSTAL
WIEHRE
HERDERN
Roßkopf
Münster
Ebnet
Littenweiler
Kappel
Kirchzarten
Großes Tal
Langackern
Horben
Geiersnest
Schauinsland
Weilersbach
Eschbach
Reckenberg
Attental
Stegen
Unteribental
Zarten
Burg
Unterbirken
Rechtenbach
Buchenbach
Falkenhof
Schweigbrunnen
Wagensteig
Sankt Peter
Sankt Märgen
Glashütte
Seelgut
Flaunser 866
Höfen
Falkensteig
Höllental
Hirschsprung
Grüne Str.
Ravennaschlucht
Breitnau
Fahrenberg
Weißtannen
Oberried
Zastler
Alpersbach
Windeck
Hinterzarten
Oberhöfen
Badische Weinstr.
Staufen im Breisgau
Ehrenstetter Grund
Sankt Ulrich
Schauinsland
Grube
Schauinsland 1284
Hofsgrund
Steinwasen-Park
Hochfahrn 1264
Toter Mann
Sankt Wilhelm 1321
Naturpark
Obermünstertal
Münster
Krumlinden
Kropbach
Trubelsmatt-K. 1281
Kloster St.Trudpert
Münstertal
Besuchsbergwerk Teufelsgrund
Muggenbrunn
Neuhof
Stübenwasen
Rütte
Feldberg 1493
Feldsee
Seebuck
Raimartihof
Feldberger Hof 1450
Todtnauer Hütte
Todtnauberg
Hebelhof
Fahl
Feldberg (Schwarzwald)
Altglashütten
Bärental
Untermünstertal
Mulden
Rotenbuck 867
Schwarzwald
Wieden
Aftersteg
Laitenhäuser
Museumsbergwerk
Hangloch-Wssf.
Brandenberg
Herzogenhorn 1415
Oberaha
Hinterdorf
Belchen 1414
Knöpflesberg 1124
Todtnau
Hasenhorn 1156
Berggasthof Gisiboden
Hof
Krunkelbachhof
Menzenschwand
Schluchsee
Münsterhalden
Sirnitz 1114
Mittelheubronn
Hinterheubronn
Neuenweg
Oberböllen
Schönenberg
Niederböllen
Schönau
Altern
Schlechtnau
Geschwend
Utzenfeld
Wiese
Tunau
Bernau i. Schwarzwald
Innerlehen 1309
Oberlehen
Dorf
Vorderdorf
Riggenbach
Kaiserhaus
Unterlehen
Habsberg 1274
Friedrichsheim
Fischenberg
Kühlenbronn
Bürchau
Wembach
Präg
Südschwarzwald
Stockmatt 1067
Vorderholz
Fröhnd
Hinterstadel
Herrenschwand
Hochkopf 1263
1219
Farnberg
Mutterslehen
Oberibach
Ried
Wies
Raich
Elbenschwand
Wambach
Schwand
Oberhepschingen
Ehrsberg
Todtmoos-Weg
Lehen
Hintertodtmoos
Zeller Blauen 1077
Holl
Silbersau
Häg
Happach
Todtmoos
Lindau
Unteribach
Pfaffenberg
Mambach
Rohmatt
Sallneck
Tegernau
Adelsberg
Gresgen
Zell i. Wiesental
Atzenbach
Rohrenkopf 1170
Schwarzenbach
Wittenschwand
Dachsberg (Südschwarzwald)
Endenburg
Niedertegernau
Todtmoos-Glashütte
Fetzenbach
Todtmoos-Au
Finsterlingen
Wolpadingen
Eichholz
Hofen
Vogelpark
Wieslet
Hausen im Wiesental
Hohe Möhr 983
Riedichen
Gersbach
Wehra
Wehrhalden
Hierholz
Enkenstein
619
588
Fahrnau
Raitbach
Glashütten
Großherrischwand
Kleinherrischwand
Hierbach
Happingen
Engelschwand
Hartschwand
Wilfingen
Remetschwiel
Langenau
Kürnberg
Herrischried
Rütte
Wehratal
Strittmatt
Rotzingen
Burg
Oberalpfen
Steinen
Eichen
Hasel
Hornberg
Stehle
Obergebisbach
Segeten
Niedergebisbach
Schopfheim
Erdmannshöhle
Rüttehof
Hogschür
Görwihl
Unteralpfen
Maulburg
Wiechs
Altenschwand
(374)
(365)
Wehr
Hohe Flum 535
Nordschwaben
Hütten
Glashütten
Hennematt
Hottingen
Rüßwihl
Oberwihl
Etzwihl
Birndorf
Adelhausen
Dossenbach
Bergalingen
Hemmet
Rickenbach
Niederwihl
Ottwangen
Minseln
Niederdossenbach
Willaringen
Buch
Mittelminseln
Eichsel
Minseln
Riedmatt
Heidenstein
Schwörstadt
Jungholz
Wieladingen
Hänner
Schachen
Kiesenbach
Öflingen
Egg
Rotzel
Albbruck
Karsau
Rhein
Brennet
Günnenbach
Rippolingen
Oberhof
Hochsal
Beuggen
Röm. Warte
Riburg
Scheffelfelsen
Harpolingen
Binzgen
Hauenstein
Luttingen
Rheinfelden
Wallbach
Niederhof
Laufenburg
Etzgen
(283)
Möhlin
Bad Säckingen
Thermalbad
Rhina
Rheinfelden
(290)
Mumpf
Sisseln
Stein
Murg
Laufenburg
Rheinsulz
Augusta Raurica
Rheinfelden-Ost
Zeiningen
Verzweigung Rheinfelden
Magden
635
Maisprach
Eiken
Kaisten
CH
Bütz
Sulz
Gansingen
Olsberg
Zuzgen
Oeschgen
Schinberg
Büren
Ag

124

Bregenbach
Neukirch
Oberlinach
Linach
Deutsche Uhrenstraße
Herzogenweiler
Pfaffenweiler
Riethem
Sankt Märgen
Hexenlochmühle
Streichenbach
Kirchdorf
Glashütte
Steinberg
Urach
Überauchen
Hinterstraß
Kaltenherberg
Hammereisenbach
Tannheim
Klengen
Beckhofen
Gasthaus Thurner
Waldau
Schollach
Mittelschollach
Bregenbach
Breg
Zindelstein
Brigach
Oberjostal
Grüningen
Eisenbach
Bubenbach
Wolterdingen
Dreieck
Langenordnach
Auf dem Höchst
Mistelbrunn
Aufen
Naturpark
Hubertshofen
Fahrenberg
Schwärzenbach
Oberbränd
Bruggen
Schellen-B.
Weißtannenhöhe
Hinterhäuser
Spitzwald
Unterbränd
Bräunlingen
Hölzlebruck
Rudenberg
Kirnbergsee
Waldhausen
Hüfingen
Oberhöll
Gutach
Friedenweiler
Schwarzwaldpark Löffingen
Oberaltenweg
Titisee-
-Neustadt
Titisee
Grüne Straße
Dittishausen
Hochfirst
Saig
Rötenbach
Döggingen
Südschwarzwald
Löffingen
Unadingen
Falkau
Kappel
Seppenhofen
Gauchach-schlucht
Opferdingen
Bärental
Lenzkirch
Raitenbuch
Ruhbühl
Göschweiler
Reiselfingen
Bachheim
Mundelfingen
Fischbach
Holzschlag
Wutachschlucht
Wutach
Aselfingen
Grünwald
Bildstein
Unteraha
Gündelwangen
Ewattingen
Achdorf
Aule
Aha
Dresselbach
Boll
Schluchsee
Schluchsee
Glashütte
Bonndorf
Münchingen
Balzhausen
Sommerau
Faulenfürst
Lausheim
Blumegg
Habsberg
Wellendingen
Dillendorf
Lembach
Oberschwarzhalden
Rothaus
Ebnet
Brunnadern
Muchenland
Schlüchtsee
Wittlekofen
Althütte
Unterwangen
Weizen
Grafenhausen
Oberwangen
Schwaningen
Sankt Blasien
Schönenbach
Kalvarien-B.
Häusern
Staufen
Bulgenbach
Horben
Bettmaringen
Albsee
Mettenberg
Birkendorf
Stühlingen
Schwarzasee
Horbach
Igelschlatt
Buggenried
Mauchen
Vogelsang
Höchenschwand
Urberg
Brenden
Hürrlingen
Obermettingen
Steina
Schlageten
Amrigschwand
Ühlingen
Eberfingen
Riedern am Wald
Volpadingen
Immeneich
Oberweschnegg
Unterweschnegg
Untermettingen
Oberhallau
Berau
Ender
Eggingen
Hallau
Happingen
Nöggenschwiel
Schlücht
Untereggingen
Neunkirch
Brunnadern
Löhningen
Remetschwiel
Bannholz
Unterbierbronnen
Aichen
Krenkingen
Raßbach
Kloster Marienburg
Ofteringen
Wilchingen
Rohr
Trasadingen
Oberalpfen
Waldkirch
Indlekofen
Detzeln
Weilheim
Wutöschingen
Degernau
Rechberg
Erzingen
Unteralpfen
Breitenfeld
Horheim
Gaiß
Schmitzingen
-Tiengen
Weisweil
Albführen
Eschbach
Gurtweil
Tiengen-O.
Lauchringen
Schwerzen
Klettgau
Birndorf
Birkingen
Waldshut-
Willmendingen
Balterswe
Grießen
Schadenbirndorf
Tiengen-W.
Lauchringen
Riedern
Buch
Fulk
Oberlauchringen
Geißlingen
Bühl
Kiesenbach
Dogern
Kadelburg
Bechtersbohl
R. Küssaburg
Reutehof
Albbruck
Reuenthal
Koblenz
Rhein
Küssaberg
Küßnach
Huntwangen
Bernau
Rietheim
Wasterkingen
Leibstadt
Gippingen
Zurzach
Dangstetten
Stetten
Schwaderloch
Aare-Stausee
Klingnau
Rheinheim
Günzgen
Etzgen
Hettenschwil
Leuggern
Reckingen
Lienheim
Schl. Rotteln
Herdern
Mettau
Wil
Kleindöttingen
Rekingen
Hohentengen am Hochrhein
Etzwil
Döttingen
Mellikon
Kaiserstuhl
Ag
Eien
Wislikofen
Rümikon
Fisibach
Zweidlen
Glattfelden
Oberhofen
Böttstein
Tegerfelden
Baldingen
Böbiken
Mellstorf
Weiach
Raat
Hottwil
Mandach
Unterendingen
Gansingen
Endingen
Vogelsang
Siglistorf
Stadler-B.
Windlach
Büren
Geissberg
Villigen
Schüpfheim
Aare
3km

Tuningen
Bad Dürrheim
Solemar
Durchhausen
Lupfen
Oberflacht
Talheim
Rietheim-Weilheim
Seitingen-Oberflacht
Mühlheim an der Donau
Stetten
Schwäbische Albstraße
125
Sunthausen
Dreieck Bad Dürrheim
Öfingen
Wurmlingen
Ludwigstal
Nendingen
Biesingen
Aasen
Heidenhofen
Eßlingen
Ippingen
Heimatmuseum
Brennten
Altental
TUTTLINGEN
(645)
Donaueschingen
(677)
Schloss mit Donauquelle
Oberbaldingen
Unterbaldingen
Bachzimmern
Möhringen
Witthoh
Immendingen
Zimmern
Pfohren
Dreilärchen
Gelsingen
Geisingen
Donau-Versickerung
Hintschingen
Hausen
Liptingen
Emmingen-Liptingen
Hattingen
Biesendorf
Sumpfohren
Neudingen
Gutmadingen
Kirchenhausen
Mauenheim
Behla
Fürstenberg
Grüne Straße
Aulfingen
Länge
Bargen
Rorgenwies
Honstetten
Reute im Hegau
Eckartsbrunn
Riedböhringen
Hondingen
Stetten
„Im Hegau"
Bittelbrunn
Leipferdingen
Zimmerholz
Engen
Eigeltingen
Aach-Quelle
Aach
Riedöschingen
Watterdingen
Anselfingen
Hohenhewen
Neuhausen
Zollhaus-Blumberg
Blumberg
Randen
Kommingen
Tengen
Blumenfeld
Welschingen
Volkertshausen
Ehingen
Epfenhofen
Neuhaus am Randen
Talheim
Tengen
Tengenstadt
Weil
Mühlhausen
Schlatt unter Krähen
Hegau
Wiechs
Nordhalden
Uttenhofen
Beuren
Weiterdingen
Hohenkrähen
Beuren
Bargen
Wiechs am Randen
Büßlingen
Altdorf
Binningen
Hohenstoffeln
Duchtlingen
Hausen
Singen
Friedingen
Hoher Randen
Hofen
Bibern
Röm. Gutshof
Storzeln
Homboll
SINGEN
(428)
Opfertshofen
Schlatt am Randen
Barzheim
Riedheim
Hilzingen
Hohentwiel
Merishausen
Büttenhardt
Lohn
Thayngen
Ebringen
Schleitheim
Schaffhausen
Stetten
Bietingen
Gottmadingen
Überlingen
Rielasingen-Worblingen
Hemmental
SH-Schweizersbild
Herblingen
Randegg
SCHAFFHAUSEN
(404)
SH-Nord
Verzw. Mutzentäli
Dörflingen
Murbach
Buch
Ramsen
Arlen
Bohlingen
Münster
SH-Süd
Löhningen
Beringen
Buchthalen
Büsingen
Rauhenberg
Gailingen am Hochrhein
Feuerthalen
Schienen
Guntmadingen
Neuhausen
Diessenhofen
Flurlingen
Rheinfall
Neuparadis
Willisdorf
Basadingen
Hemishofen
Stein am Rhein
Uhwiesen
Dachsen
Oberschlatt
Unterschlatt
Schlattingen
Rheinklingen
Wagenhausen
Öhningen
Jestetten
Altenburg
Benken
Schlatt
Etzwilen
Kaltenbach
Rheinau
Rudolfingen
Guntalingen
Unterstammheim
Oberstammheim
Schl. Freudenfels
Schl. Liebenfels
Eschenz
Dietenberg
Lottstetten
Marthalen
Trüllikon
Oerlingen
Truttikon
Waltalingen
Nussbaumen
Nack
Ellikon
Kleinandelfingen
Ossingen
Oberneunforn
Hüttwilen
Rafz
Alten
Andelfingen
Neunforn
Niederneunforn
Wilen bei Neunforn
Buch bei Frauenfeld
Eglisau
Rüdlingen
Buchberg
Volken
Humlikon
Adlikon
Dätwil
Gütighausen
Thalheim an der Thur
Kartause Ittingen
Uesslingen-Buch
Warth-Weiningen
Seglingen
Glattfelden
Berg am Irchel
Flaach
Wiler
Dorf
Henggart
Niederwil
Oberwil
Dägerlen
Altikon
Ellikon an der Thur
Thur
Frauenfeld
Teufen
Gräslikon
Hünikon
Buch am Irchel
Aesch
Dinhard
Rickenbach
Frauenfeld West
Sulz
Attikon
Kefikon
Islikon
Irchel
Freienstein
Neftenbach
Bülach
Stadel
Oberwinterthur
Liebensberg
Gachnang
Gerlikon
SCHWEIZ
Schaffhausen
Hegau

KARTENLEGENDE

Autobahn mit Anschlussstelle und Anschlussnummer	Idstein 45 Viernheim	Motorway with junction and junction number
Autobahn in Bau mit voraussichtlichem Fertigstellungsdatum	Datum Date	Motorway under construction with expected date of opening
Rasthaus mit Übernachtung · Raststätte	Kassel	Hotel, motel · Restaurant
Kiosk · Tankstelle		Snackbar · Filling-station
Autohof · Parkplatz mit WC	P	Truckstop · Parking place with WC
Autobahn-Gebührenstelle		Toll station
Autobahnähnliche Schnellstraße		Dual carriageway with motorway characteristics
Fernverkehrsstraße		Trunk road
Verbindungsstraße		Main road
Nebenstraßen		Secondary roads
Fahrweg · Fußweg		Carriageway · Footpath
Gebührenpflichtige Straße		Toll road
Straße für Kraftfahrzeuge gesperrt		Road closed for motor vehicles
Straße für Wohnanhänger gesperrt		Road closed for caravans
Straße für Wohnanhänger nicht empfehlenswert		Road not recommended for caravans
Autofähre · Autozug-Terminal		Car ferry · Autorail station
Hauptbahn · Bahnhof · Tunnel		Main line railway · Station · Tunnel
Besonders sehenswertes kulturelles Objekt	Neuschwanstein	Cultural site of particular interest
Besonders sehenswertes landschaftliches Objekt	Breitachklamm	Landscape of particular interest
Ausflüge & Touren		Excursions & Tours
Landschaftlich schöne Strecke		Route with beautiful scenery
Touristenstraße	Hanse-Route	Tourist route
Museumseisenbahn		Tourist train
Kirche, Kapelle · Kirchenruine		Church, chapel · Church ruin
Kloster · Klosterruine		Monastery · Monastery ruin
Schloss, Burg · Burgruine		Palace, castle · Castle ruin
Turm · Funk-, Fernsehturm		Tower · Radio or TV tower
Leuchtturm · Windmühle		Lighthouse · Windmill
Denkmal · Soldatenfriedhof		Monument · Military cemetery
Ruine, frühgeschichtliche Stätte · Höhle		Archaeological excavation, ruins · Cave
Hotel, Gasthaus, Berghütte · Heilbad		Hotel, inn, refuge · Spa
Campingplatz · Jugendherberge		Camping site · Youth hostel
Schwimmbad, Erlebnisbad, Strandbad · Golfplatz		Swimming pool, leisure pool, beach · Golf-course
Botanischer Garten, sehenswerter Park · Zoologischer Garten		Botanical gardens, interesting park · Zoological garden
Bedeutendes Bauwerk · Bedeutendes Areal		Important building · Important area
Verkehrsflughafen · Regionalflughafen		Airport · Regional airport
Flugplatz · Segelflugplatz		Airfield · Gliding site
Boots- und Jachthafen		Marina

REGISTER

Im Register sind alle in diesem Führer erwähnten Orte, viele Ausflugsziele und zusätzliche Stichworte verzeichnet. Halbfette Seitenzahlen verweisen auf den Haupteintrag, kursive auf ein Foto.

> ***www.marcopolo.de/schwarzwald***

> SCHREIBEN SIE UNS!

Liebe Leserin, lieber Leser,

wir setzen alles daran, Ihnen möglichst aktuelle Informationen mit auf die Reise zu geben. Dennoch schleichen sich manchmal Fehler ein – trotz gründlicher Recherche unserer Autoren/innen. Sie haben sicherlich Verständnis, dass der Verlag dafür keine Haftung übernehmen kann.

Wir freuen uns aber, wenn Sie uns schreiben.

Senden Sie Ihre Post an die
MARCO POLO Redaktion,
MAIRDUMONT, Postfach 31 51,
73751 Ostfildern,
info@marcopolo.de

IMPRESSUM

Titelbild: Schwarzwaldhaus bei Wieden (Getty Images/Look: Wohner)
Fotos: Adventure World: Sandra Weber (104 M.r.); Burg Windeck (104 M.l.); Cafe Chic: Ondro Ovesny (104 o.); COMO CLUB: Ondro Ovesny (14 u.); W. Dieterich (2 l., 2 r., 37, 49, 54, 56, 98/99); E-WERK: Wolfgang Herbert (13 u.); Sven Feix: Stefan Hinkelmann (14 M.); R. Freyer (U.M., 3 M., 3 r., 4 l., 8/9, 16/17, 18, 21, 24/25, 28/29, 30/31, 32, 35, 38, 40/41, 43, 44, 60, 61, 66, 67, 70, 72/73, 74, 76, 79, 83, 84, 86/87, 92/93, 94, 100/101, 102, 112, 118/119); Getty Images/Look: Wohner (1); Gmeiner Confiserie: Stephan Hund (105 o.); HB Verlag: Fieselmann (11, 20, 50/51, 57, 59, 62/63, 65, 90, 96, 108), Gaasterland, Teschner (4 r.,), Schneider (U.l., 3 l., 23); Huber: Schmid (U.r., 5, 6/7, 22/23, 68/69, 80/81, 110/111, 113), Spiegelhalter (22, 106/107), Wisckow (29); Laif: Barth (88), Emmler (26), Raach (52); Look: Greiner (28), Fleisher (27); Lothar Matheis (12 o.,); Plus+ Studentenclub GmbH: marKo jovic (105 u.); Puderzucker, Elke Kern (12 u.); Schmuckmuseum Pforzheim: Gonzalez (46/47); selindA: Jens Rommel (105 M.l.); iStockphoto.com: CWLawrence (104 u.), epromike (15 o.), erikreis (14 o.), gremlin (13 o.), taiskulish (105 M.r.); R. Weis (135); Wellness- & Vitalhotel Mangler: Andreas Große (15 u.);

4. (11.), aktualisierte Auflage 2008

Verlegerin: Stephanie Mair-Huydts; Chefredaktion: Michaela Lienemann, Marion Zorn;
Autor: Roland Weis; Redaktion: Christina Sothmann;
Programmbetreuung: Leonie Dlugosch, Nadia Al Kureischi; Bildredaktion: Helge Rösch
Szene/24h: wunder media, München
Kartografie Reiseatlas: © MAIRDUMONT, Ostfildern
Innengestaltung: Zum goldenen Hirschen, Hamburg; Titel/S. 1–3: Factor Product, München
Sprachführer: in Zusammenarbeit mit Ernst Klett Sprachen GmbH, Stuttgart, Redaktion PONS Wörterbücher

Printed in Germany. Gedruckt auf 100% chlorfrei gebleichtem Papier

FÜR IHRE NÄCHSTE REISE

gibt es folgende MARCO POLO Titel:

DEUTSCHLAND
Allgäu
Amrum/Föhr
Bayerischer Wald
Berlin
Bodensee
Chiemgau/Berchtesgadener Land
Dresden/Sächsische Schweiz
Düsseldorf
Eifel
Erzgebirge/Vogtland
Franken
Frankfurt
Hamburg
Harz
Heidelberg
Köln
Lausitz/Spreewald/Zittauer Gebirge
Leipzig
Lüneburger Heide/Wendland
Mark Brandenburg
Mecklenburgische Seenplatte
Mosel
München
Nordseeküste Schleswig-Holstein
Oberbayern
Ostfriesische Inseln
Ostfriesland/Nordseeküste Niedersachsen/Helgoland
Ostseeküste Mecklenburg-Vorpommern
Ostseeküste Schleswig-Holstein
Pfalz
Potsdam
Rheingau/Wiesbaden
Rügen/Hiddensee/Stralsund
Ruhrgebiet
Schwäbische Alb
Schwarzwald
Stuttgart
Sylt
Thüringen
Usedom
Weimar

ÖSTERREICH | SCHWEIZ
Berner Oberland/Bern
Kärnten
Österreich
Salzburger Land
Schweiz
Tessin
Tirol
Wien
Zürich

FRANKREICH
Bretagne
Burgund
Côte d'Azur/Monaco
Elsass
Frankreich
Französische Atlantikküste
Korsika
Languedoc-Roussillon
Loire-Tal
Normandie
Paris
Provence

ITALIEN | MALTA
Apulien
Capri
Dolomiten
Elba/Toskanischer Archipel
Emilia-Romagna
Florenz
Gardasee
Golf von Neapel
Ischia
Italien
Italienische Adria
Italien Nord
Italien Süd
Kalabrien
Ligurien/Cinque Terre
Mailand/Lombardei
Malta/Gozo
Oberital. Seen
Piemont/Turin
Rom
Sardinien
Sizilien/Liparische Inseln
Südtirol
Toskana
Umbrien
Venedig
Venetien/Friaul

SPANIEN | PORTUGAL
Algarve
Andalusien
Barcelona
Baskenland/Bilbao
Costa Blanca
Costa Brava
Costa del Sol/Granada
Fuerteventura
Gran Canaria
Ibiza/Formentera
Jakobsweg/Spanien
La Gomera/El Hierro
Lanzarote
La Palma
Lissabon
Madeira
Madrid
Mallorca
Menorca
Portugal
Spanien
Teneriffa

NORDEUROPA
Bornholm
Dänemark
Finnland
Island
Kopenhagen
Norwegen
Schweden
Südschweden/Stockholm

WESTEUROPA | BENELUX
Amsterdam
Brüssel
Dublin
England
Flandern
Irland
Kanalinseln
London
Luxemburg
Niederlande
Niederländische Küste
Schottland
Südengland

OSTEUROPA
Baltikum
Budapest
Estland
Kaliningrader Gebiet
Lettland
Litauen/Kurische Nehrung
Masurische Seen
Moskau
Plattensee
Polen
Polnische Ostseeküste/Danzig
Prag
Riesengebirge
Russland
Slowakei
St. Petersburg
Tschechien
Ungarn
Warschau

SÜDOSTEUROPA
Bulgarien
Bulgarische Schwarzmeerküste
Kroatische Küste/Dalmatien
Kroatische Küste/Istrien/Kvarner
Montenegro
Rumänien
Slowenien

GRIECHENLAND | TÜRKEI | ZYPERN
Athen
Chalkidiki
Griechenland Festland
Griechische Inseln/Ägäis
Istanbul
Korfu
Kos
Kreta
Peloponnes
Rhodos
Samos
Santorin
Türkei
Türkische Südküste
Türkische Westküste
Zakinthos
Zypern

NORDAMERIKA
Alaska
Chicago und die Großen Seen
Florida
Hawaii
Kalifornien
Kanada
Kanada Ost
Kanada West
Las Vegas
Los Angeles
New York
San Francisco
USA
USA Neuengland/Long Island
USA Ost
USA Südstaaten/New Orleans
USA Südwest
USA West
Washington D.C.

MITTEL- UND SÜDAMERIKA
Argentinien
Brasilien
Chile
Costa Rica
Dominikanische Republik
Jamaika
Karibik/Große Antillen
Karibik/Kleine Antillen
Kuba
Mexiko
Peru/Bolivien
Venezuela
Yucatán

AFRIKA | VORDERER ORIENT
Ägypten
Djerba/Südtunesien
Dubai/Vereinigte Arabische Emirate
Israel
Jerusalem
Jordanien
Kapstadt/Wine Lands/Garden Route
Kenia
Marokko
Namibia
Qatar/Bahrain/Kuwait
Rotes Meer/Sinai
Südafrika
Tunesien

ASIEN
Bali/Lombok
Bangkok
China
Hongkong/Macau
Indien
Japan
Ko Samui/Ko Phangan
Malaysia
Nepal
Peking
Philippinen
Phuket
Rajasthan
Shanghai
Singapur
Sri Lanka
Thailand
Tokio
Vietnam

INDISCHER OZEAN | PAZIFIK
Australien
Malediven
Mauritius
Neuseeland
Seychellen
Südsee

> UNSER INSIDER

MARCO POLO Autor Dr. Roland Weis im Interview

Roland Weis, gebürtiger Schwarzwälder, lebt dort, hat eine Schwarzwälderin zur Frau und mit ihr drei kleine Schwarzwälder in die Welt gesetzt.

Seit wann leben Sie im Schwarzwald?

Ich bin als Neunjähriger nach Titisee-Neustadt gezogen. Vorher lebten wir in St. Georgen und in Waldkirch, ebenfalls im Schwarzwald. Selbst für das Studium in Freiburg, die Journalistenausbildung in Konstanz und die Bundeswehr in Sigmaringen habe ich mich immer in Sichtweite des Schwarzwaldes aufgehalten.

Was hält Sie in Titisee-Neustadt?

Hier kennt jeder jeden, hier herrscht noch weitgehend „heile Welt", sitzt der Bankdirektor neben dem Holzfäller am Stammtisch. Die Landschaft ist einmalig und die Nähe zur Schweiz, zu Frankreich und dem Bodensee bietet eine tolle Lebensqualität. Die Menschen hier sind von gelassener Heiterkeit und philosophischer Lebensweisheit.

Wie und wo leben Sie genau?

Ich wohne mit meiner Familie in einem kleinen Einfamilienhäuschen im erweiterten Stadtkern von Neustadt, etwa hundert Meter Luftlinie von der Kirchturmuhr und 120 Meter Luftlinie von meiner Stammkneipe entfernt.

Sprechen Sie „schwarzwälderisch"?

Selbstverständlich spreche ich den heimischen Dialekt. Mir sage „schwätze" dezue. Das lernt man automatisch, wenn man hier aufwächst.

Was machen Sie beruflich?

Ich bin gelernter Redakteur, arbeite auch noch freischaffend für Zeitungen und Zeitschriften, bin aber fest angestellt bei einem Energieversorgungsunternehmen in Freiburg: Dort leite ich die Abteilung interne Kommunikation. Außerdem schreibe ich Sachbücher und Kriminalromane und träume von dem Tag, an dem ich davon leben kann.

Was tun Sie in Ihrer Freizeit?

Abgesehen vom Wandern und Schreiben, das sich auch meist um den Schwarzwald dreht, ist die Kommunalpolitik wohl mein nächstes Hobby. Als Stadtrat in Titisee-Neustadt und als Kreisrat im Landkreis Breisgau-Hochschwarzwald versuche ich, aktiv an der Entwicklung meiner Heimat mitzuwirken. Und weil alle Schwarzwälder ein bisschen urig sind, gilt das auch für mich und mein Winterhobby, das Hornschlittenfahren.

Mögen Sie die Schwarzwälder Küche?

Wie sagt man so schön: Ich könnte mich reinsetzen; in Schäufele mit Sauerkraut oder eine Schlachtplatte. Und für zünftiges Bauernvesper mit Speck, Schwarzwurst, Holzofenbrot samt Hefeschnaps oben drauf lasse ich alles andere stehen.

> BLOSS NICHT!

Auch im Schwarzwald gibt es Dinge, die man besser vermeidet

Anfassen

Bauernläden, Wochenmärkte, Hofverkauf: Die regionalen Produkte werden oft rustikal angeboten. Das heißt aber nicht, dass man jeden Käse dreimal in die Hand nehmen und umdrehen darf.

Pisten verlassen

Snowboarder und Skifahrer sollten sich an die markierten Pisten und Loipen halten. Wer abseits im Wald die Tiefschneerouten sucht, scheucht Wild aus der Winterruhe auf und stresst es unnötig. Zudem beschädigen harte Skikanten die vom Forstamt mühsam gepflanzten Baumsetzlinge unter dem Schnee.

Speck schneiden

Wer sein Speckvesper hübsch mit Messer und Gabel seziert, der macht sich zum Gespött der ganzen Wirtschaft.

Auto im Wald

Ein Schild „Wanderparkplatz" meint, was es sagt: Hier das Auto abstellen, den Rest zu Fuß gehen! Versuchen Sie nie, entlegene Ziele über land- und forstwirtschaftliche Wege zu erreichen.

Ernteklau

Winzer und Obstbauern zäunen ihre Plantagen selten ein. Das ist aber keine Einladung zur Selbstbedienung. Wer erwischt wird, muss mit saftigen Geldstrafen rechnen.

Dialekt imitieren

Versuchen Sie erst gar nicht, so zu reden wie die Einheimischen. Entweder Sie machen sich selbst lächerlich oder Sie geben die Einheimischen der Lächerlichkeit preis.

Drängeln

Am Skilift die schlimmste Sünde. Bleiben Sie gelassen, auch wenn die Schlange lang ist.

Über Wiesen gehen

Vom 1. Mai bis Ende Oktober ist es im Schwarzwald überall verboten, über offene, noch ungemähte Wiesen zu gehen, etwa um Wege abzukürzen.

Kuhstalltourismus

Sie lieben es auch nicht, wenn wildfremde Menschen in Ihr Wohnzimmer stiefeln. Auch ein noch so alter Bauernhof ist kein Freiluftmuseum. Und wenn eine Kuhstalltür offen steht, heißt das nicht, dass Sie eingeladen sind, Ihren Kindern am lebenden Objekt den Unterschied zwischen Euter und Schwanz zu erklären. Wenn Sie wirklich mal in einen Kuhstall oder unter das Walmdach eines Schwarzwaldhofs schauen wollen, fragen Sie den Bauern, erklären Sie ihm, warum, interessieren Sie sich für sein Tagewerk und vermeiden Sie jede Besserwisserei.